Zackaria Yamar Ndiaye

Studio e progettazione di un simulatore basato su un linguaggio di processo

Zackaria Yamar Ndiaye

Studio e progettazione di un simulatore basato su un linguaggio di processo

ScienciaScripts

Imprint

Cover image: www.ingimage.com

This book is a translation from the original published under ISBN 978-613-8-43055-1.

Publisher:
Sciencia Scripts
is a trademark of
Dodo Books Indian Ocean Ltd. and OmniScriptum S.R.L publishing group

120 High Road, East Finchley, London, N2 9ED, United Kingdom
Str. Armeneasca 28/1, office 1, Chisinau MD-2012, Republic of Moldova, Europe

ISBN: 978-620-6-09366-4

Indice dei contenuti :

1 Introduzione

La simulazione, in generale, è una delle branche dell'informatica che ha conosciuto un boom negli ultimi 10 anni. Fornisce risultati soddisfacenti in termini di comprensione, controllo e previsione dei fenomeni del mondo reale. La simulazione consiste nel creare un modello informatico di un sistema reale o teorico e nel farlo funzionare per analizzarne i risultati.

La simulazione multi-agente si basa sull'idea che sia possibile rappresentare al computer il comportamento di entità autonome e i fenomeni derivanti dalle loro interazioni. In questo modo, i sistemi multi-agente offrono la possibilità di rappresentare gli individui, il loro comportamento e le loro interazioni.

In questa tesi DEA, proponiamo di progettare un modello di simulazione multi-agente (sezione 3) con un linguaggio di processi concorrenti basato su un'applicazione concreta (il progetto Rapsodie dell'unità di ricerca RAP). Nella sezione 4, forniremo una breve presentazione delle difficoltà incontrate in relazione agli strumenti utilizzati per la sua implementazione. Nella sezione successiva, verranno illustrate le nostre proposte per superare questi vincoli, quindi l'implementazione di queste proposte verrà dettagliata nella sezione 6, poi nella sezione 7, verranno forniti suggerimenti per una migliore implementazione del modello in futuro, infine la sezione 8 concluderà questa tesi.

2 Problemi

L'obiettivo di questo stage DEA è progettare un modello di simulazione distribuita utilizzando un linguaggio di processo concorrente, in particolare Erlang, e analizzarne la fattibilità, con l'obiettivo di ottenere un livello di complessità superiore. Il nostro approccio sarà quello di dimostrare che questo modello può essere adattato ai tipi di applicazioni che consentono di monitorare l'evoluzione di una popolazione ittica nello spazio e nel tempo a fronte di molteplici disturbi ambientali.

Questo lavoro si baserà in parte sul modello avviato nel progetto Rapsodie, che ha mostrato alcuni limiti legati alla lentezza della simulazione, a cui si aggiunge una rapida saturazione dovuta alla macchinosità dello strumento di simulazione scelto (Cormas).

L'obiettivo è quello di approfondire e arricchire il lavoro concettuale avviato e, soprattutto, di mostrare la pertinenza e l'interesse della scelta di Erlang di fronte alle difficoltà incontrate.

3 Sistemi multi-agente

I sistemi multi-agente sono spesso presentati come il punto d'incontro di due grandi discipline: l'intelligenza artificiale distribuita e la vita artificiale [Paul et al. 2002].

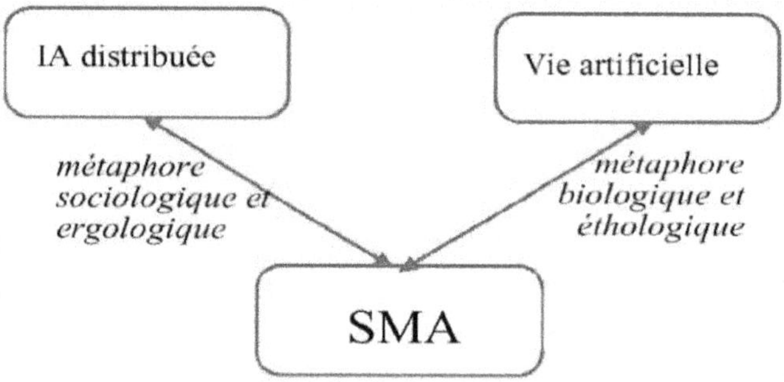

Schema 1: Approccio del sistema multi-agente

L'intelligenza artificiale distribuita consiste nello studio e nella progettazione di organizzazioni composte da più agenti (vedi oltre) con l'obiettivo di risolvere problemi complessi [FERBER 1995]. Aggiunge una nuova dimensione al campo dell'intelligenza artificiale, che prima si concentrava sull'imitazione del comportamento di un individuo o di una parte di esso, in un campo specifico. Un'applicazione dell'intelligenza artificiale è il sistema esperto, un programma informatico che riproduce il comportamento di un esperto umano che svolge un compito intellettuale in un campo specifico. Si parla di intelligenza artificiale distribuita nel senso che il sistema decisionale non è centralizzato come nel caso dei Sistemi Esperti. In altre parole, è anche definita come "lo studio e la progettazione di organizzazioni di agenti artificiali per ottenere sistemi intelligenti" [DROGOUL1993].

Lo scopo della vita artificiale è comprendere e modellare i sistemi viventi. Gli individui del sistema sono in grado di sopravvivere, adattarsi e riprodursi in un ambiente spesso ostile. Si tratta infatti di un'astrazione dei principi alla base dell'organizzazione degli organismi viventi e della loro implementazione con strumenti informatici, in modo da poterli studiare e testare.

Utilizzeremo le definizioni di Jacques FERBER [FERBER 1995] come base per chiarire i termini e i concetti più comunemente utilizzati nel campo della simulazione multi-agente.

3-1 Definizioni

Agente: questo termine è usato in modo molto ampio ed è stato definito in vari modi. Secondo FERBER, un agente è un'entità fisica o virtuale:

1- che è in grado di agire in un ambiente ;
2- che possono comunicare direttamente con altri agenti;
3- che è guidato da un insieme di tendenze (sotto forma di obiettivi individuali o di una funzione di soddisfazione, o anche di sopravvivenza, che cerca di ottimizzare);
4- che dispone di risorse proprie;
5- è in grado di percepire il proprio ambiente (anche se in misura limitata);
6- che ha solo una rappresentazione parziale di questo ambiente (e forse nessuna);
7- che ha competenze e offre servizi;
8- che possono essere riprodotti;
9- il cui comportamento tende a soddisfare i suoi obiettivi, tenendo conto delle risorse e delle competenze di cui dispone e in funzione delle sue percezioni, delle sue rappresentazioni e delle comunicazioni che riceve.

Per illustrare la diversità delle definizioni di agenti, ne daremo altre due:
Secondo DEMAZEAU, un agente è un'entità reale o virtuale, il cui comportamento è autonomo, che si evolve in un ambiente, capace di percepirlo, di agire su di esso e di interagire con altri agenti [DEMAZEAU 1996].

Secondo WOOLDRIDGE, un agente è un sistema informatico in grado di agire in modo autonomo e flessibile nell'ambiente [WOOLDRIDGE 1998]. Per flessibilità intendiamo reattività, un certo grado di proattività e capacità sociale.

- Reattività: gli agenti devono essere in grado di percepire il loro ambiente e di rispondere in modo tempestivo.
- Proattività: l'agente deve mostrare un comportamento proattivo e opportunistico, riuscendo a prendere iniziative al momento giusto.
- Abilità sociali: l'agente deve essere in grado di interagire con altri agenti quando la situazione lo richiede, per portare a termine i propri compiti o aiutare gli altri a portare a termine i propri.

La definizione che meglio descrive gli agenti che utilizzeremo nel nostro modello è quella di agente comunicante di FERBER. Un agente comunicante è definito da FERBER come un'entità informatica che :

1- si trova in un sistema informatico aperto (un insieme di applicazioni, reti e sistemi eterogenei);
2- possono comunicare con altri agenti;
3- è guidato da una serie di obiettivi propri;
4- dispone di risorse proprie;
5- ha solo una rappresentazione parziale degli altri agenti;
6- ha competenze (servizi) che può offrire ad altri agenti;
7- si comporta in modo da raggiungere i suoi obiettivi, tenendo conto delle risorse e delle competenze a sua disposizione e delle rappresentazioni e comunicazioni che riceve.

Stanno emergendo due approcci, quello cognitivo e quello reattivo, che caratterizzano gli agenti con la seguente domanda: gli agenti devono essere concepiti come entità già intelligenti, cioè in grado di risolvere da soli determinati problemi, oppure devono essere assimilati a esseri molto semplici che reagiscono direttamente ai cambiamenti dell'ambiente?

L'approccio cognitivo: questo approccio privilegia una visione sociologica dell'organizzazione. Nasce dal desiderio di comprendere e cogliere l'aspetto sociale della conoscenza. Questi agenti sono generalmente molto complessi. Rappresentano la conoscenza di se stessi, degli altri e del mondo che li circonda. Controllano il loro ambiente.

L'approccio reattivo: questo approccio difende una tesi completamente diversa da quella dell'approccio cognitivo. L'agente reattivo non ha una rappresentazione dell'ambiente, degli altri o di se stesso. Non può quindi controllare il proprio comportamento o le proprie azioni. Molto spesso reagisce sotto l'effetto degli stimoli ricevuti dall'ambiente. Preso singolarmente, non ha intelligenza. Tuttavia, la sua interazione con gli altri può dare origine a un comportamento intelligente.

Un sistema multi-agente: un sistema multi-agente (MAS) è un sistema composto dai seguenti elementi:

1- un ambiente E, uno spazio che generalmente ha una metrica ;

2- un insieme di oggetti O. Questi oggetti sono situati, cioè è possibile, in un dato momento, associare una posizione in E a qualsiasi oggetto. Questi oggetti sono passivi, cioè possono essere percepiti, creati, distrutti e modificati dagli agenti;

3- un insieme A di agenti, che sono oggetti particolari (A incluso in O), che rappresentano le entità attive del sistema;
4- un insieme di relazioni R che collegano tra loro gli oggetti (e quindi gli agenti);
5- un insieme di operazioni Op che consentono agli agenti di A di percepire, produrre, consumare, trasformare e manipolare oggetti in O ;
6- operatori incaricati di rappresentare l'applicazione di queste operazioni e la reazione del mondo a questa tentata modifica, nota come legge dell'universo.

Un'altra definizione di sistemi multiagente: Un sistema multiagente è un sistema distribuito composto da un insieme di agenti. A differenza dei sistemi di intelligenza artificiale, che in qualche misura simulano le capacità di ragionamento umane, i MAS sono progettati e implementati, idealmente, come un insieme di agenti che interagiscono, il più delle volte, secondo modalità di cooperazione, competizione e coesistenza.

Gli ADM sono caratterizzati da :
- ogni agente ha informazioni o capacità di risoluzione dei problemi limitate, quindi ogni agente ha un punto di vista parziale;
- non esiste un controllo globale del sistema multiagente;
- i dati sono decentralizzati;
- e il calcolo è asincrono.

4 Analisi della situazione esistente

4-1 Presentazione del progetto Rapsodie

Il progetto Rapsodie è stato realizzato sotto la direzione dell'unità di ricerca RAP (Unité de recherche - Réponses Adaptatives des Populations et Peuplements de Poissons aux Pressions de l'environnement), che è una delle unità di ricerca dell'IRD-Senegal (Institut de Recherche pour le Développement).

Le attività dell'unità di ricerca RAP sono legate all'aumento delle conoscenze dei meccanismi e delle conseguenze delle pressioni naturali e antropiche sui sistemi acquatici continentali disturbati e/o sovrasfruttati.

L'obiettivo di questo progetto è modellare la dinamica delle popolazioni ittiche integrando diverse forme di stress (pesca, inquinamento, siccità) e interazioni multispecie. Si tratta di studiare i processi di adattamento di alcune popolazioni e il loro impatto sull'evoluzione delle popolazioni [Villeneuve, 2003].

Per esplorare i parametri specifici delle popolazioni, oltre a quelli dell'ambiente, i ricercatori hanno effettuato simulazioni basate su un modello dedicato, seguendo vari scenari, con modifiche artificiali ai parametri delle varie componenti dell'ambiente. In questo progetto, una popolazione viene modellata sulla base degli individui che la compongono, utilizzando il metodo di modellazione incentrato sull'individuo [Ginot et al. 2002], che permette di rispettare due principi essenziali della biologia:

- L'unicità di ogni individuo risiede nella combinazione del suo patrimonio genetico e delle influenze del suo ambiente. La fisiologia e il comportamento di un organismo sono strettamente legati a questa combinazione.

- Il principio di localizzazione, che stabilisce che un organismo è influenzato principalmente solo dagli organismi che si trovano nelle sue vicinanze spazio-temporali.

Per realizzare questo progetto, l'approccio multi-agente è stato utilizzato con la piattaforma di modellazione multi-agente Cormas. Cormas si basa sull'ambiente di programmazione VisualWorks, che utilizza il linguaggio di programmazione Smalltalk.

Consente di sviluppare rapidamente modelli di simulazione descrivendo il coordinamento tra individui e gruppi che sfruttano risorse comuni. Seguirà una breve presentazione di questi strumenti, come abbiamo già fatto con i sistemi multi-agente.

4-2 Valutazione del progetto Rapsodie

Con il modello prodotto dal progetto Rapsodie, è possibile seguire l'evoluzione di una popolazione ittica nello spazio e nel tempo.
Include un'interfaccia di simulazione e un'interfaccia per la visualizzazione dei processi simulati. Tuttavia, è importante sottolineare che il modello è stato validato solo parzialmente.

Come già detto, questo modello dà luogo a una serie di vincoli legati alla scelta degli strumenti di sviluppo utilizzati. La lentezza della simulazione, unita al fatto che la RAM (Random Access Memory) si satura troppo rapidamente, rende impossibile lavorare con una popolazione troppo complessa e con un numero elevato di individui. Tuttavia, Cormas è un ottimo strumento per la prototipazione, ma da un punto di vista 'operativo', nella sua stessa progettazione (gestione dello spazio e schedulazione), richiede una distribuzione omogenea dei processi simulati. Si presume che questa distribuzione sia equivalente perché deve essere effettuata su una maglia spaziale regolare. Se queste condizioni non sono soddisfatte, il rischio di esplosione combinatoria è elevato.

La prima reazione a questi commenti è stata quella di mettere in dubbio la scelta di Cormas e del suo linguaggio di programmazione Smalltalk. Va notato che un altro modello è stato sviluppato in Java da Nicolas DENFELD sulla base di Rapsodie. Quest'ultimo non ha dato soddisfazione perché, come nel caso di Cormas, la saturazione della RAM si verifica a circa 20.000 individui senza calcolare l'estrazione dei dati dal punto di vista dell'occupazione della memoria, il che rappresenta un notevole handicap in relazione alla modellizzazione di una popolazione.

4-3 Introduzione a Cormas e Smalltalk

4-3-1 Cormas

Cormas (Common-pool Resources and Multi-Agent Systems) è una piattaforma di simulazione multi-agente sviluppata dal team Green del CIRAD (Centre de Coopération Internationale en Recherche Agronomique pour le Développement). Questo strumento può essere utilizzato per creare un'ampia gamma di modelli multi-agente. È basato sull'ambiente di sviluppo VisualWorks, che utilizza Smalltalk come linguaggio di programmazione e offre un insieme di classi e metodi predefiniti che consentono di costruire modelli senza troppe difficoltà.

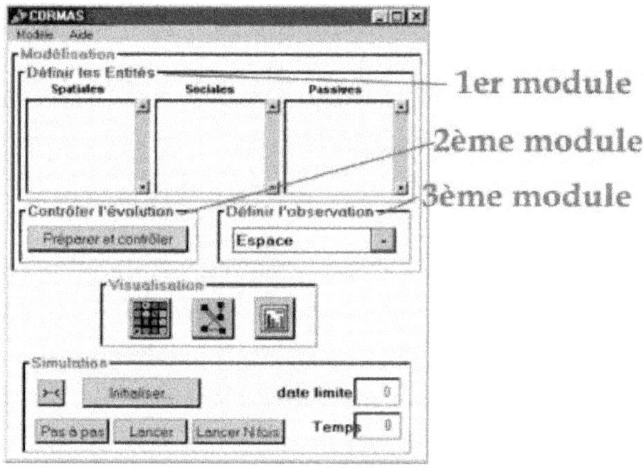

Figura 2: Interfaccia Cormas

La piattaforma di sviluppo Cormas è strutturata in forma di moduli, come mostrato nel diagramma precedente:

- Il primo modulo riguarda la modellazione, cioè la definizione delle entità del modello note come agenti informatici e le loro interazioni. Queste interazioni sono simboleggiate da procedure di comunicazione diretta (invio di messaggi), e/o dal fatto di condividere lo stesso mezzo spaziale. Vengono proposte tre categorie di entità:
    - le entità spaziali che simboleggiano l'ambiente.
    - Entità o agenti sociali.
    - Entità passive definite in contrapposizione alle entità sociali.
- Il secondo modulo riguarda la simulazione stessa:
    - parametri dello spazio di simulazione (dimensioni, ecc.).
    - programmazione di diversi eventi per passo temporale.
    - Infine, viene avviata la simulazione.

- Il terzo e ultimo modulo consente di definire un'osservazione della dinamica e di monitorare l'evoluzione del modello.

4-3-2 Smalltalk

Smalltalk è un linguaggio di programmazione orientato agli oggetti, un metodo di implementazione in cui i programmi sono organizzati come insiemi cooperanti di oggetti, ognuno dei quali rappresenta un'istanza di una certa classe, e tutte le classi sono membri di una gerarchia di classi unificate da relazioni di ereditarietà (vedi Appendice A).
Smalltalk offre un ambiente di sviluppo altamente interattivo, l'uso dell'astrazione e della modularità nei programmi facilita il riutilizzo in larga misura di programmi ed elementi di codice già sviluppati. L'ambiente di sviluppo VisualWorks verrà utilizzato per scrivere codice Smalltalk, visualizzare oggetti, mettere a punto programmi e sviluppare applicazioni.

Tutte le classi sono direttamente accessibili nell'ambiente di sviluppo e possono quindi essere ridefinite.
Le caratteristiche di smalltalk sono le seguenti:

- In smalltalk, ogni elemento è un oggetto.
- Per definizione di un linguaggio di programmazione orientato agli oggetti, qualsiasi oggetto è un'istanza di una classe.
- In Smalltalk, la struttura di controllo è l'invio di messaggi.

5 La scelta di Erlang

In questa sezione, giustifichiamo la scelta di Erlang per lo sviluppo di questo modello spiegandone alcune caratteristiche.

5-1 Introduzione a Erlang

Il linguaggio erlang è stato sviluppato in Svezia presso il CSLAB (Computer Science laboratory) di Ericsson. Questo laboratorio è specializzato nella progettazione di sistemi di telecomunicazione. In effetti, sembra una contrazione di "Ericsson Language".

Erlang è sia un linguaggio che un ambiente di sviluppo. È il risultato della combinazione di due stili di programmazione: l'approccio concorrente e l'approccio dichiarativo [Amstrong et al. 1996] e [Dacker, 2000]. Ispirato a un approccio dichiarativo, questo linguaggio funzionava originariamente in un interprete prolog, perché è stato inizialmente sviluppato come estensione di quest'ultimo.

L'ambiente di sviluppo Erlang (la macchina virtuale, il compilatore e le applicazioni) è completamente open source, con nuove versioni (vedi Appendice B). La natura open source del linguaggio favorisce un certo dinamismo. Disponiamo di strumenti importanti come l'editor di codice e il debugger, che facilitano lo sviluppo di applicazioni. Erlang dispone di una Shell che permette di eseguire comandi in modo interattivo (vedi diagramma 3 e Appendice B).

Le caratteristiche tecniche e il modo in cui questo linguaggio è stato progettato offrono all'ambiente Erlang innegabili vantaggi, sia per gli sviluppatori che per gli utenti, che beneficiano di applicazioni più stabili e robuste [Rémond, 2003]. Di seguito analizzeremo alcune di queste caratteristiche.

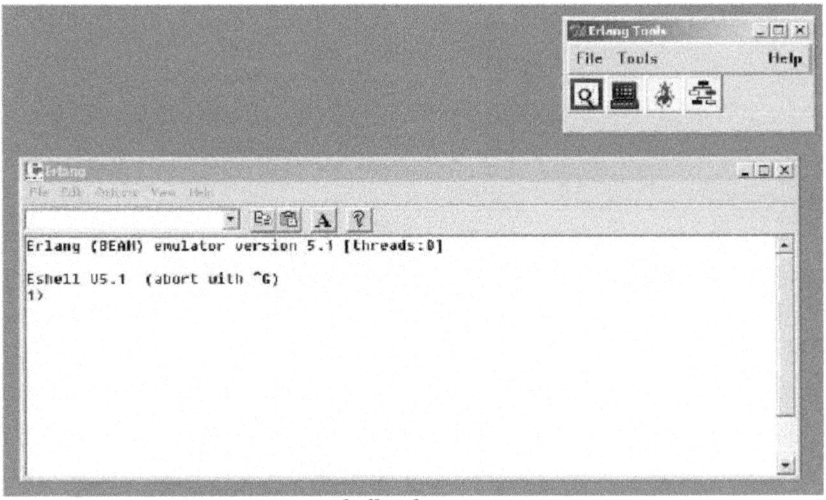

Diagramma 3: Shell Erlang

5-1-1 Gestione dei processi

Erlang ha la particolarità di gestire processi leggeri (230 kB) con occupazione di memoria che cambia dinamicamente [Nystrom e Johnson, 2002]. I processi Erlang comunicano in modo asincrono inviando messaggi. La macchina virtuale Erlang è in grado di gestire un numero molto elevato di processi e cercheremo di illustrarlo in seguito con il modello proposto.

La gestione dei processi e la concorrenza del sistema rimangono indipendenti dal sistema operativo, garantendo la portabilità delle applicazioni.

5-1-2 L'ambiente distribuito

Erlang è progettato per operare in un ambiente distribuito. L'ambiente è organizzato in nodi e un nodo Erlang è rappresentato da una macchina virtuale Erlang (spesso un nodo per processore). La macchina virtuale Erlang è in grado di creare processi su altri nodi che girano su sistemi operativi diversi. Questi processi operano come se si trovassero sulla stessa macchina. Il modello proposto in questo corso è distribuito. I meccanismi di distribuzione delle applicazioni saranno descritti in dettaglio più avanti.

5-1-3 Gestione dei guasti

Noteremo l'emergere di concetti come quello di supervisione, che deriva dalla separazione tra il codice che contiene la logica applicativa e il codice responsabile della gestione degli errori. Il codice che gestisce la logica applicativa è sotto il controllo del codice di supervisione per gestire eventuali errori. La supervisione può avvenire a diversi livelli: un processo può essere responsabile della supervisione di altri processi, anche se in esecuzione su altri nodi.

Esiste un altro concetto, chiamato migrazione del codice, che consiste nel configurare un processo in un sistema distribuito in modo tale che, se ha un problema di esecuzione sul suo nodo, può essere eseguito su un altro nodo e tornare al suo nodo originale una volta risolto il problema. Questa caratteristica garantisce la continuità del servizio anche in caso di errori non noti in anticipo.

5-1-4 Aggiornamento del codice

Il sistema deve essere sempre disponibile, dato il suo impiego nel settore delle telecomunicazioni, dove le applicazioni vengono utilizzate 24 ore su 24, da cui la necessità di ridurre i periodi di manutenzione. Con Erlang è possibile aggiornare il codice di un'applicazione senza interrompere i servizi.

5-1-5 Gestione della memoria

L'ambiente di sviluppo Erlang si occupa della gestione della memoria, senza che lo sviluppatore debba farlo. La memoria viene allocata dinamicamente, se necessario, e rilasciata quando gli spazi di memoria interessati non sono più utilizzati. Il sistema utilizza il meccanismo della garbage collection per gestire questo tipo di problemi.

5-1-6 Produttività

La combinazione di tutte queste caratteristiche consente di sviluppare applicazioni in modo più rapido e affidabile, evitando al contempo i problemi di sicurezza associati ai superamenti della capacità variabile.

Erlang si presta bene allo sviluppo rapido nella fase di mock-up. Con questo approccio, il ciclo di sviluppo è molto breve e si basa su una rapida sequenza di fasi di sviluppo, fasi di integrazione e fasi di test. Erlang può essere utilizzato per sviluppare sistemi in tempo reale (software che richiedono tempi di risposta di pochi millisecondi).

5-1-7 Portabilità

Il codice Erlang già compilato (produzione di pseudocodice in un file con estensione ".beam") può essere eseguito dalla macchina virtuale su qualsiasi piattaforma. Lo sviluppo di codice Erlang non deve tenere conto delle particolarità della macchina virtuale di una determinata piattaforma, il che faciliterà l'esecuzione e la distribuzione del codice su macchine in rete.

5-1-8 Principi e basi di Erlang

I programmi Erlang devono essere strutturati intorno alla nozione di processo piuttosto che di oggetto. Poiché Erlang è definito come un linguaggio orientato alla concurrency, è molto comune utilizzare programmi (o processi) in parallelo per risolvere un determinato problema. Oltre alla concorrenza, lo sviluppo in Erlang coinvolge altri concetti che devono essere compresi per capire meglio la filosofia Erlang. Questi concetti sono quattro:

- **Funzioni** : Una funzione è una sequenza di una o più espressioni, nel senso aritmetico del termine. È un tipo di filtro che accetta parametri di ingresso che servono come base per la sua esecuzione e restituisce un risultato di uscita che rappresenta il risultato della valutazione dell'ultima espressione. Esse svolgono un ruolo centrale nell'implementazione del linguaggio, poiché Erlang è uno dei linguaggi dichiarativi o funzionali. In Erlang, una funzione è sempre referenziata dal nome della funzione e dal nome del modulo che la contiene. Quest'ultimo è implicito in alcuni casi, ma non c'è dubbio che esista.
- **Ricorsione**: è una tecnica di sviluppo che consiste nel calcolare il risultato di una funzione iterando sulla stessa funzione con una condizione di uscita predefinita.

L'uso della ricorsione produce un codice più leggibile e compatto, facilita la lettura di elenchi e la traduzione di calcoli aritmetici, ma il suo uso non è limitato a questi casi. Esempio:

```
facto(0) -> 1 ;
facto(N) -> N *facto(N-1).
```

- **Assegnazione univoca delle variabili**: l'uso delle variabili Erlang consente di accedere ai valori rappresentati da questi simboli. Con Erlang, un valore assegnato a una variabile non può più essere modificato: questo meccanismo è noto come assegnazione univoca della variabile. L'assegnazione univoca delle variabili tende a limitare gli effetti collaterali che si verificano quando una funzione modifica lo stato del sistema. Una variabile assegnata è detta vincolata: non può più essere assegnata a un altro valore. Una volta assegnata, una variabile viene svincolata non appena il programma non ha più bisogno di mantenerne il valore in memoria, cioè quando la variabile è fuori dall'ambito delle istruzioni valutate dal programma. Due regole determinano l'ambito delle variabili:
  *Le variabili assegnate a una funzione esistono solo all'interno della funzione stessa e vengono distrutte al termine della funzione.
  * Le variabili non sono più considerate legate all'inserimento di una nuova funzione. Con Erlang abbiamo solo variabili con ambito locale e non variabili con ambito globale.

- **Pattern matching**: questo meccanismo consente di assegnare valori a variabili non correlate e di verificare le corrispondenze tra i valori.

5-1-9 La particolarità delle variabili Erlang

Da un punto di vista sintattico, una variabile Erlang ha sempre una lettera maiuscola iniziale. Una variabile è caratterizzata dal suo nome, che può essere associato a un valore: questo aspetto è stato trattato nella sezione precedente.

In Erlang non esiste una dichiarazione di variabile perché l'operazione di collegamento della variabile a un valore consente di assegnarle contemporaneamente un tipo. Poiché una variabile non può essere modificata prima di essere distrutta, non è possibile cambiare il tipo di una variabile una volta che è stata determinata.

Erlang è un linguaggio di alto livello. La gestione della memoria, che comporta la considerazione di diversi tipi per motivi di ottimizzazione, non è più responsabilità del programmatore, ma della macchina virtuale in base ai valori contenuti nelle variabili. Per questo motivo, in Erlang ci sono pochissimi tipi elementari e pochissime restrizioni.

5-2 Programmazione concorrente

La programmazione concorrente consiste nell'assemblare processi paralleli su uno o più nodi. I processi vengono eseguiti in sequenza in un processo e tutti i processi vengono eseguiti in parallelo.

5-2-1 Processi

Un processo Erlang è definito come un'istanza che ospita processi eseguiti in sequenza. I processi sono generati da chiamate di funzione. Terminano una volta eseguite le funzioni generatrici e scompaiono dal sistema.

È possibile creare processi con Erlang e avviarne l'esecuzione utilizzando le funzioni integrate di Erlang: spawn/3, spawn_link/3, spawn/4 e spawn_link/4. Come abbiamo detto all'inizio di questa sezione, un processo inizia con una chiamata di funzione e i parametri della funzione spawn/3 non sono altro che il modulo della funzione chiamata, il suo nome e l'elenco dei suoi parametri. Le funzioni spawn/4 e spawn_link/4 sono utilizzate per creare processi su nodi remoti.

Queste funzioni restituiscono gli identificatori dei processi che hanno appena creato e non aspettano che le funzioni finiscano di essere eseguite prima di farlo. L'identificatore di un processo è un riferimento a quel processo e viene utilizzato per indirizzarlo, ad esempio inviandogli un messaggio. La natura distributiva di Erlang fa sì che i processi possano essere creati su nodi remoti. Con Erlang, i processi che inviano messaggi sono molto ben implementati anche per i processi che risiedono su nodi remoti. La funzione chiamata all'interno di una di queste primitive deve essere esportata dal modulo in cui è definita, in modo da non produrre un errore.

Sintassi :

```
spawn(nom_module, nom_fonction, [param_fonction]).
Spawn(nom_du_noeud,nom_module,nom_fonction,[param_fonction]).
```

Nell'ambiente Erlang, un nuovo processo occupa pochissima memoria: poco più di 230 byte. Questa cifra aumenta in base all'elaborazione eseguita all'interno del processo. È possibile creare migliaia di processi contemporaneamente in uno spazio di memoria limitato. Secondo studi effettuati dai Laboratori Ericsson, un nodo Erlang può eseguire più di 32.768 processi. Con determinati parametri di lancio, questo numero può raggiungere 262.144 processi.

5-2-2 Comunicazione tra processi

Sarebbe interessante trovare un modo per comunicare tra processi all'interno della stessa applicazione. Erlang utilizza il passaggio di messaggi solo per coordinare e sincronizzare l'elaborazione dei processi. Si tratta di un'operazione asincrona che consiste nell'inviare un'espressione a uno o più processi.

Il passaggio di messaggi si basa su due operazioni: l'invio e la ricezione di un messaggio. Studieremo i principi e la sintassi di queste due operazioni.

- invio di un messaggio: la sintassi è la seguente:

```
Pid ! Message.
{Pid, Noeud} ! Message.
```

Pid rappresenta l'identificativo del processo destinatario, che deve essere noto. Il secondo caso illustra l'invio di un messaggio a un processo situato su un nodo remoto. È possibile utilizzare il nome del processo invece del suo identificatore. Per dare un nome a un processo Erlang, si usa la funzione standard register/2 con il nome del processo, che è un atomo, e il Pid, che è l'identificatore del processo, come parametri. È anche possibile recuperare l'identificatore di un processo conoscendo il nome del processo con la funzione whereis/1.

- Ricezione di un messaggio: la sintassi è la seguente:

```
Receive
    MessageType1 -> Traitement1 ;
    MessageType2 -> Traitement2 ;
    ...
    MessageTypek -> Traitementk
end.
```

Un messaggio inviato da un processo deve essere ricevuto dal processo destinatario prima di poter essere utilizzato. L'operazione di ricezione consiste nel selezionare un messaggio dalla coda di messaggi del processo ricevente. Il messaggio viene selezionato eseguendo una corrispondenza di pattern sulla prima clausola dell'istruzione receive, esaminando tutti i messaggi nella coda del processo. Se non è possibile effettuare una corrispondenza, l'ambiente cerca di far corrispondere la clausola successiva dell'istruzione di ricezione con tutti i messaggi presenti nella coda e così via. Questa procedura è illustrata nel diagramma seguente.

Si consideri la seguente istruzione di ricezione da un dato processo:

La casella di posta del processo di ricezione è illustrata di seguito con le varie fasi di abbinamento dei modelli (diagramma 4).

```
receive
    msg_3 -> Traitement3 ;
    msg_2 -> Traitement2 ;
    msg_1 -> Traitement1 ;
    ....................................
end.
```

Figura 4: Posta in arrivo per un processo

5-3 Erlang, un sistema distribuito

Il linguaggio Erlang è stato progettato per lavorare in un ambiente distribuito, quindi la distribuzione rimane una delle caratteristiche principali di Erlang. Ci sono molte ragioni per sviluppare applicazioni distribuite usando Erlang. Noi di ne elenchiamo alcuni:

- La possibilità di suddividere un'applicazione in più parti e valutarle in parallelo su nodi diversi. Ad esempio, creare un sistema in tempo reale composto da diversi nodi, dove i lavori vengono assegnati a nodi diversi per ridurre il tempo di risposta del sistema.

- Cooperazione tra più nodi, in modo che il guasto di un nodo non penalizzi completamente il sistema.
- L'accesso alle risorse non è legato al sistema operativo. Una macchina con Windows è in grado di eseguire applicazioni su un nodo remoto con Unix.
- Se il sistema è troppo lento, le sue prestazioni possono essere migliorate aumentando il numero di nodi (un processore per nodo), ad esempio.

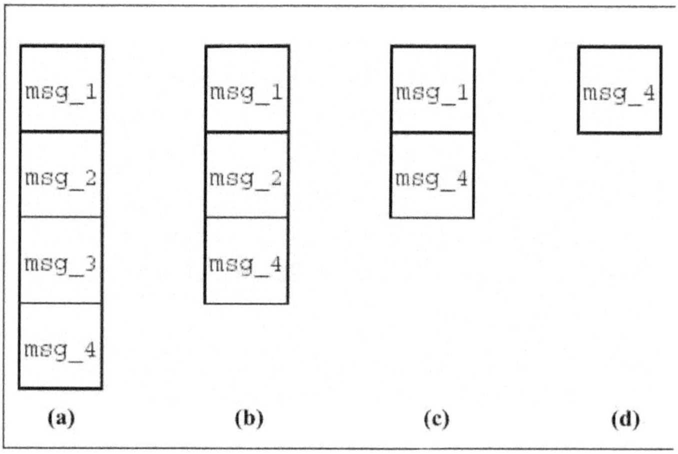

5-3-1 Un nodo Erlang

Un sistema distribuito Erlang è una rete di nodi. Un nodo Erlang rappresenta una macchina virtuale. Da un nodo Erlang si possono creare processi su altri nodi, alcuni dei quali possono essere eseguiti su sistemi operativi diversi, come descritto in precedenza. Per impostazione predefinita, un nodo Erlang è isolato. Per avviare una comunicazione, deve appartenere a un insieme di nodi Erlang, avere un processo noto come *net_kernel* che gestisce le connessioni e una porta che gli permetta di comunicare con gli altri nodi della rete.

In una rete, è essenziale poter identificare un nodo. Per impostazione predefinita, un nodo Erlang avrà il nome *"nonode@nohost", ma per* funzionare in una rete ha bisogno di un nome unico. Il nome di un nodo è composto da due parti separate dal carattere "@": la parte dopo il carattere "@" è il nome della rete della macchina in cui risiede il nodo, che garantisce l'unicità del nome del nodo nella rete. L'altra parte identifica il nodo sulla macchina locale, poiché è possibile avere più nodi sulla stessa macchina.

La coerenza dei nomi dei nodi all'interno di una singola macchina è garantita dal processo di sistema *EPMD (Erlang Port Mapper Deamon)*. Esso registra i nomi di tutti i nodi che sono stati lanciati su questa macchina. Ogni nodo di una rete è associato a un termine chiamato "*cookie magic*", che è un atomo (una costante contenente informazioni sotto forma di sequenza di caratteri) che consente a un nodo di comunicare con altri nodi. Questo meccanismo di "*cookie*" garantisce un certo grado di sicurezza. Per la distribuzione, ogni nodo deve conoscere i suoi vicini per poter comunicare con loro. Questi *cookie* funzionano essenzialmente come password.

Affinché due processi situati su nodi diversi possano comunicare, l'amicizia tra questi due nodi deve essere dichiarata dai processi di sistema *net_kernel* su entrambi i nodi. In concreto, il processo *net_kernel* su un nodo apre una porta per il processo sull'altro nodo e associa questa porta alla tabella degli atomi che possono accedervi. Questo concetto di amicizia è una proprietà simmetrica a livello di processo. Quindi, per porre fine a questa amicizia, uno dei processi residenti su uno dei nodi deve semplicemente lanciare il comando *erlang:disconnect_node/i* con il nome dell'altro nodo come argomento.

5-3-2 Proprietà dei nodi Erlang

Quando un nodo viene lanciato, vengono determinate le sue proprietà. Esistono proprietà dinamiche, che cambiano nel tempo, e proprietà statiche, che non cambiano nel tempo: sono strettamente legate al comportamento del nodo.

Proprietà statiche: Esistono solo quattro proprietà di questo tipo, a cui vengono assegnati dei valori al momento dell'avvio del sistema.

- *name*: Questo atomo simboleggia il nome della macchina e corrisponde a *nonode@nohost* per un nodo isolato. Questo nome deve essere modificato affinché il nodo possa appartenere a un sistema distribuito. Vi si accede con il comando *node()*.
- *communicating*: è un atomo booleano, il cui valore è *falso* se il nodo è isolato, altrimenti è *vero*. Se il nodo diventa comunicante, il valore dell'atomo viene

modificato in true e successivamente non può più essere modificato. Il comando *erlang:is_alive() viene* utilizzato per scoprire il suo valore.

- *creazione*: è un numero intero non negativo, utilizzato per creare un nuovo riferimento, PID o Porta e per distinguere tra diverse istanze del nodo. Viene ottenuto dal processo *EPMD* all'avvio del sistema.
- *preloaded*: questo atomo contiene l'elenco dei moduli che vengono precaricati all'avvio del sistema e a cui si può accedere con il comando *erlang:pre_loaded()*.

Proprietà dinamiche: queste proprietà sono caratterizzate dalla capacità di cambiare nel tempo. Ne esistono 16, ma in questa sede ci occuperemo delle più importanti.

- *atom_tables*: è una tabella contenente informazioni sugli amici del nodo. Ogni riga è assegnata a un amico e contiene il suo nome, una chiave e una tabella atomica vuota. La riga di un amico viene automaticamente cancellata non appena l'amicizia tra i due nodi viene sospesa.
- *I'riends*: questo atomo contiene i nomi dei nodi amici e viene modificato non appena si stabilisce un'amicizia con un nuovo nodo. Allo stesso tempo, simboleggia i nodi che sono autorizzati a connettersi ad esso. Il comando *nodes()* restituisce il valore dell'atomo.
- *magic_cookie*: Questo atomo deve essere conosciuto da qualsiasi processo su un dato nodo che desideri comunicare con un processo residente sul nodo corrente. Il suo valore può essere conosciuto con il comando *erlang :get_cookie()* e può essere modificato con il comando *erlang :set_cookie/2* .
- *magic_cookies: è* un atomo come il precedente, ma contiene i cookie di altri nodi. È impossibile accedere direttamente a questi cookie, ma il loro valore può essere modificato sul nodo locale.
- *ports:* Questo atomo contiene le porte aperte sul nodo. Il suo valore viene modificato implicitamente se viene aperta una nuova porta o se ce n'è una in meno. Il comando *erlang :ports()* restituisce il suo valore.
- *processi*: contiene i PID dei processi che sono stati lanciati su questo nodo e che non hanno ancora terminato l'esecuzione. Il suo valore viene modificato quando viene lanciato un nuovo processo o al termine dell'esecuzione di un processo e può essere consultato con il comando_processi().

5-3-3 Meccanismi di distribuzione

Il nodo è l'elemento centrale di un sistema distribuito Erlang. L'integrazione di un nodo in un sistema distribuito è simboleggiata dall'avvio di un processo speciale chiamato *net_kernel.* Una volta lanciato questo processo, al nodo viene assegnato un nome, che è unico in tutta la rete. Questa semplice operazione di denominazione di un sistema runtime Erlang lo trasforma in un sistema distribuito.

I socket TCP/IP sono utilizzati per consentire ai nodi remoti di comunicare. Vediamo i comandi più comunemente utilizzati in un sistema distribuito.

- *erlang :disconnect_node(Node)* : forza la disconnessione del nodo in argomento al nodo corrente.
- *erlang :get_cookie()* : restituisce il *cookie magico* per il nodo corrente.
- *is_alive()*: restituisce true se il *net_kernel* è avviato e false altrimenti.
- *erlang :set_cookie(Node, Cookie)* : modifica il *cookie magico* del nodo in argomento e questo cookie sarà utilizzato dal nodo corrente per connettersi ad esso. Se il nodo corrente viene passato come parametro, il nuovo cookie verrà utilizzato dagli altri nodi per connettersi al nodo corrente.
- *nodes()*: restituisce l'elenco dei nodi che possono accedere al nodo corrente.
- *node()*: restituisce il nome del nodo corrente.
- *monitor_node(Node, true[false):* consente al nodo corrente di monitorare lo stato del nodo argomento. Il messaggio *{nodedown, Node}* gli viene inviato se il nodo argomento si disconnette.
- *spawn\spawn_link(Node, Module, function, function_args)*: crea un processo sul nodo remoto per eseguire la funzione.

I seguenti flag vengono utilizzati quando viene lanciato l'eseguibile *erl* o *werl*:

- *-nome*: assegna un nome al nodo corrente.
- *-nome*: assegna un nome breve al nodo corrente.
- *-nascosto*: rende un nodo invisibile.
- *-setcookie Cookie*: assegna un cookie al nodo corrente, identico al comando *erlang :set_cookie(node(), Cookie).*

I moduli più comunemente utilizzati per amministrare un sistema distribuito sono :

- *net_kernel*: il *net_kernel* è un processo di sistema lanciato su un nodo comunicante.

È responsabile dell'implementazione delle funzioni *spawn/4* e *spawn_link/4, dell'*autenticazione e del monitoraggio della rete. Il modulo omonimo viene utilizzato per comunicare con questo processo e contiene un gran numero di funzioni. Di seguito elencheremo alcune di queste funzioni:

- *net_kernel:start()*: lancia il processo *net_kernel;* viene lanciato automaticamente se i parametri di rete sono abilitati.
- *net_kernel:allow(Node_list)*: questa funzione limita l'accesso al nodo corrente. Il nodo che valuta questa funzione può essere raggiunto solo dai nodi elencati nella variabile *Node_list.* Qualsiasi tentativo di accesso diverso dai nodi specificati verrà rifiutato.
- *net_kernel:monitor_nodes(true\false)* : Il processo che valuta questa funzione riceve copie dei messaggi *{nodeup, Node}* e *{nodedown, Node}* dal processo *net_kernel* che li riceve dal sistema di runtime.

- *net_adm*: questo modulo contiene diverse utilità per amministrare una rete di nodi Erlang.
  - *net_adm:localhost()*: questo comando restituisce il nome dell'host locale.
  - *net_adm:ping(Node)*: consente al nodo corrente di testare la connessione con il nodo in parametro. Restituisce *pong* se la connessione funziona *e pang* se non funziona.
  - *net_adm:word()*: questa funzione lancia il processo *EPMD* su tutte le workstation specificate nel file *.hosts.erlang* ed esegue *il ping di* tutti i nodi che risiedono su queste workstation. Se funziona, la connessione viene creata su tutti i nodi lanciati sulle workstation specificate.

- *auth*: anche questo nome del modulo corrisponde a un server o a un processo che determina quali nodi sono autorizzati a comunicare in una rete di nodi Erlang. Ogni messaggio inviato è accompagnato dal *cookie magic* del nodo ricevente. Quando un nodo riceve un messaggio, il sistema esamina il *cookie magic* che accompagna il messaggio. In caso contrario, il messaggio viene trasformato in un *messaggio badcookie* e inviato al processo di sistema *net_kernel.* Per impostazione predefinita, il *net_kernel* restituisce il messaggio al processo di sistema *auth*, che prenderà le misure appropriate per i messaggi non autorizzati. Vediamo alcune delle funzioni del modulo *auth*:
  - *auth :is_auth(Node)*: scopre se la connessione al nodo indicato nel parametro è autorizzata e restituisce *sì* se lo è, *no* se il nodo non esiste o se la connessione non è autorizzata.

auth:exists(Node): questa funzione verifica l'esistenza del nodo passato come parametro. Restituisce *sì* se il nodo esiste e *no* altrimenti.

5-3-4 Il collegamento

Nella sezione precedente abbiamo parlato dei meccanismi di connessione tra i nodi Erlang. La valutazione del comando *nodes(),* dopo che un nodo è stato lanciato, restituisce una lista vuota: ciò significa che, all'avvio del sistema, il nodo non ha informazioni sull'esistenza di altri nodi nella rete. Il tentativo di collegare due nodi viene effettuato solo quando comandi come :

- *spawn(Nodo, Modulo, Funzione, Argomento).*
- *net_adm :ping(Nodo).*

Se la connessione è autorizzata dopo l'esecuzione di uno di questi comandi, il nodo corrente è ora in grado di conoscere gli amici. La valutazione del comando *nodes()* restituisce un elenco di nodi che sono autorizzati a connettersi e che hanno tentato di farlo almeno una volta. Questi numerosi aspetti di Erlang ci hanno portato a utilizzare questo linguaggio per implementare il nostro modello.

5-4 Confronto tra Erlang e C++

In questa sezione cercheremo di giustificare la scelta di Erlang rispetto ad altri linguaggi di programmazione come il C++. Il C++ è uno dei linguaggi di programmazione più utilizzati oggi. È un linguaggio orientato agli oggetti ed è alla base di una grande quantità di software. Erlang fa parte di questa nuova generazione di linguaggi di sviluppo. È molto diverso dal C++, soprattutto perché utilizza uno stile di programmazione chiamato programmazione funzionale e offre una concorrenza integrata. In questa sezione, valuteremo Erlang e lo confronteremo con il C++ sulla base di uno studio condotto da un laboratorio Ericsson [Grasftrom andAronsson, 1995].

Per confrontare questi due linguaggi, sono stati realizzati una serie di piccoli programmi di prova in C++ e in Erlang. Nel rapporto di studio sono stati illustrati anche gli esperimenti e i risultati dei test ottenuti.

Inizieremo con una breve presentazione del linguaggio C++, per poi passare al confronto vero e proprio, parlando di alcuni aspetti di Erlang.

5-4-1 Il linguaggio C++

Il C++ è un linguaggio di programmazione orientato agli oggetti. È stato sviluppato negli anni '80 presso i Bell Laboratories da un team guidato da Bjarne Stroustrup. Inizialmente era una piccola estensione del linguaggio C per un progetto di ricerca nel campo della programmazione orientata agli oggetti. Lo scopo del progetto era che il linguaggio fosse efficiente, portabile e migliorasse i tipi di dati del C.
Il C++ dovrebbe essere compatibile con il C. In effetti, è impossibile presentare il C++ senza partire da alcune delle proprietà del C.

In C esistono le cosiddette variabili, entità in cui i dati possono essere memorizzati e modificati. La maggior parte dei linguaggi fa una distinzione tra i diversi tipi di dati, ad esempio un numero non è la stessa cosa di una lettera e così via. Un programmatore C deve definire i tipi di dati da memorizzare in ogni variabile. Il linguaggio riconosce solo la struttura delle funzioni. Un programma scritto in C è un insieme di funzioni, ciascuna delle quali può chiamare se stessa e le altre. Sono tante le caratteristiche del linguaggio C che meriterebbero di essere spiegate, ma passeremo subito a quelle del C++, che è l'argomento di questa sezione.

Il C++ era un'estensione del pre-processore del C, ma alcuni compilatori recenti costruiscono direttamente il codice binario senza usare un compilatore C. I riferimenti sono implicitamente usati nelle chiamate di funzione e non c'è modo di vedere se un parametro è passato come valore o come riferimento solo guardando la chiamata di funzione e non l'operatore usato. Le classi sono strutture del C++ che operano come funzioni sui dati. Le classi e gli oggetti sono concetti molto importanti in C++. Gli oggetti sono definiti come istanze di classi.

L'obiettivo principale del C++ era quello di includere gli oggetti nella programmazione in C. In questo stile di programmazione, tutto è costruito attorno agli oggetti. Gli oggetti comunicano attraverso messaggi che vengono manipolati da metodi implementati dalle classi corrispondenti.

5-4-2 Programmi di confronto

Il team di ricercatori ha prodotto quattro programmi di prova per effettuare un confronto significativo tra questi due linguaggi. Di ogni programma sono state prodotte due versioni, una in Erlang e l'altra in C++. I problemi erano orientati a settori diversi:

1- **Quattro di fila**: un gioco semplice che richiede un grande albero di ricerca, un grande volume di dati e lunghi calcoli.
2- **Nranax**: analizzatore di numeri, un processo tipicamente utilizzato nel settore delle telecomunicazioni.
3- **Foglio elettronico**: un motore che richiede la valutazione e l'analisi di espressioni.
4- **Runge-Kutta**: un algoritmo numerico per la risoluzione di equazioni differenziali che utilizza metodi di calcolo iterativi.

5-4-3 Risultati del confronto

In questa sezione mostreremo i risultati della codifica dei quattro problemi sopra elencati.

	Tempo/ C++	**Numero di linea/ C++**	**Tempo /Erlang**	**Numero di righe/ Erlang**
Nranax	11:3Oh	557	2 :2Oh	172
Foglio di calcolo	4Oh	1416	ioh	392
Quattro di fila	i8h	608	9 :45h	363
Runge-Kutta	O :3Oh	52	O :3Oh	31

Grafico 5: Risultati del test di confronto

Vengono effettuate misurazioni sulla dimensione del codice, ragionevolmente sul numero di righe, e sul tempo impiegato per la codifica. Ciò è dovuto al livello di ottimizzazione, che è molto elevato in entrambi i linguaggi e ha una certa rilevanza per i risultati. In alcuni casi, verrà misurata anche la velocità di esecuzione. A causa della complessità di questi problemi, si è scelto di scrivere programmi separati e poi assemblarli. L'obiettivo è che il tempo stimato sia quello impiegato esclusivamente per la codifica.

Considerando i numeri riportati nella tabella precedente, possiamo dire che la programmazione in Erlang è in media 3 volte più veloce e 3 volte meno voluminosa in termini di linee di codice rispetto a quella in C++. Va sottolineato che un programma Erlang contiene molti più commenti rispetto a un programma C++, e questi commenti fanno parte del conteggio del codice. Inoltre, se si tratta di un progetto di grandi dimensioni, si utilizzeranno processi Erlang, il che potrebbe creare errori di concomitanza in una certa misura. Tuttavia, sarebbe molto difficile trovare errori complessi nella gestione della memoria in C++. Il riutilizzo del codice riduce notevolmente i tempi di codifica. Poiché questo vale per entrambi i linguaggi, non dovrebbe avere una grande influenza sui risultati.

L'uso dei processi è raccomandato nella documentazione di Erlang. I processi semplificano anche la gestione dell'I/O. Un'altra ragione per usare i processi è che Erlang non ha altri modi per sottrarre i dati. L'uso dei processi in un linguaggio funzionale presenta naturalmente alcuni ostacoli, soprattutto nella comunicazione tra processi. I colli di bottiglia sono i tipi di errore che si incontrano spesso con l'uso dei processi in C++. Sono molto comuni nei sistemi in tempo reale. In relazione a questi potenziali problemi, la struttura di un programma in Erlang sarebbe molto diversa da quella di un programma in C++.

5-4-4 Conclusioni dello studio

La gestione dei tipi di dati è diversa nei due linguaggi. Erlang ha tipi di dati dinamici che vengono controllati solo in fase di esecuzione. A differenza del C++, dove i tipi di dati sono statici e vengono controllati in fase di compilazione. Il polimorfismo è possibile in C++ grazie ai template (meccanismi per la generazione di funzioni e classi in base ai tipi di parametri), e gli stessi risultati si ottengono in Erlang grazie alla tipizzazione dinamica. La programmazione concorrente, con processi e messaggi interprocesso, è il concetto base di Erlang. L'allocazione e la deallocazione automatica della memoria, con il meccanismo della garbage collection, sono caratteristiche standard in un linguaggio come Erlang, che non prevede aggiornamenti distruttivi.

Le prestazioni di Erlang, in termini di velocità di esecuzione, sono dovute all'implementazione della comunicazione interprocesso, cioè alla gestione dell'invio di messaggi e della gestione degli errori. Ad esempio, se in un processo si verifica un errore di pattern-matching che ne determina l'arresto, viene inviato un messaggio a tutti i processi ad esso collegati. Con il C++, il programma è esposto a questi errori, che non vengono scoperti in fase di compilazione e possono causare l'arresto del programma. In C++ la modularità si ottiene utilizzando oggetti a tutti i livelli. In Erlang, i processi sono utilizzati a un livello superiore di modularità e le funzioni a un livello inferiore. La gestione della memoria, il pattern matching e la ricorsione sono caratteristiche che liberano il programmatore da molti compiti noiosi. Le funzionalità ottenute con piccoli oggetti in C++ sono realizzate in parallelo dalle funzioni in Erlang. La semplicità e il basso costo (occupazione di memoria e tempo di CPU) offerti da Erlang per l'implementazione di programmi di grandi dimensioni come i server non sono ottenibili con il C++. Questo tipo di programma, in termini di costi per la programmazione orientata agli oggetti, è molto elevato.

6 Descrizione del modello

Dimostreremo che Erlang è un linguaggio appropriato per la simulazione multi-agente, in quanto offre già funzionalità e meccanismi integrati adatti allo sviluppo di questo tipo di applicazioni [Arthursson et al. 1996]. Questi includono la gestione della concorrenza, la comunicazione asincrona tra processi e la distribuzione, a cui si aggiunge l'eccellente disponibilità e l'aspetto real-time del sistema. Un'applicazione multi-agente può richiedere un certo grado di sicurezza per la comunicazione tra gli agenti. Parte della gestione di questa sicurezza è ottenuta attraverso un protocollo di autenticazione del destinatario quando viene inviato un messaggio. La comunicazione asincrona implementata in Erlang facilita una maggiore autonomia dei processi. Ad esempio, l'attesa di una conferma di ricezione quando si invia un messaggio può causare il blocco dell'applicazione.

6-1 Architettura del modello

Proponiamo un sistema composto da nodi e agenti. I diversi nodi rappresentano le diverse zone dell'ambiente. Si definisce una tipologia di agenti secondo due categorie: agenti biologici e agenti organizzativi. Questa categorizzazione è legata alle attività o ai ruoli loro assegnati.

Gli agenti biologici sono agenti che hanno determinate caratteristiche biologiche in relazione alla rappresentazione del modello. Queste caratteristiche biologiche possono essere riassunte nella capacità di muoversi, sopravvivere, crescere, riprodursi e morire.

Ogni nodo contiene un certo numero di agenti organizzativi che cooperano tra loro e con altri agenti per creare un sistema più stabile (numero di individui variabile nel tempo) e più dinamico. Questi agenti possono comunicare con i processi del sistema per richiedere servizi o raccogliere informazioni. Gli agenti organizzativi sono: il gestore delle liste (ad esempio, liste di agenti biologici maschi e femmine), il gestore dei trasferimenti, il coordinatore dei trasferimenti e il gestore delle statistiche, responsabile delle misurazioni. L'organizzazione di un nodo è illustrata nella Figura 6, con le varie interazioni tra gli agenti.

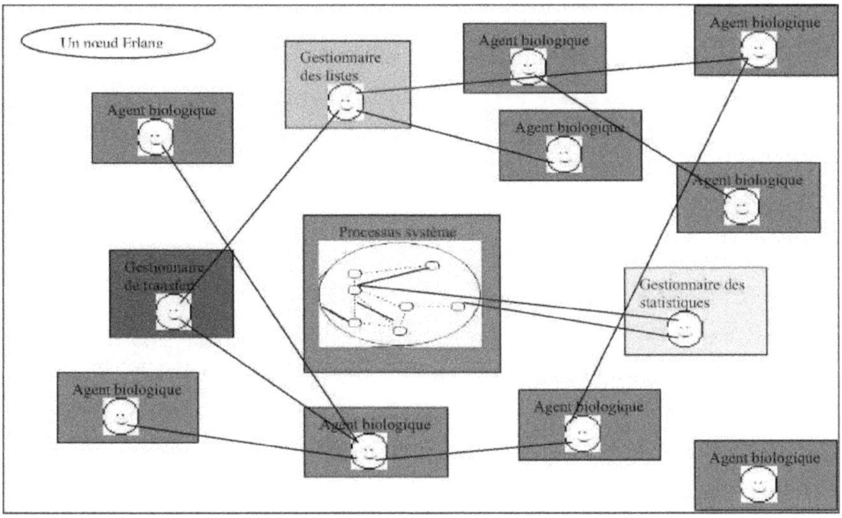

Schema 6 dell'organizzazione di un nodo

6-1-1 Agenti organizzativi

Questi agenti sono unici nel loro genere. Naturalmente non sono mobili, perché sono associati a ciascun nodo e per il loro ruolo di stabilizzatori, coordinatori e informatori. Questa strutturazione consente una migliore visibilità dei processi di riproduzione, spostamento e stabilità del modello.

Il livello di modularità ottenuto con questa organizzazione consente un certo grado di cooperazione tra gli agenti per svolgere compiti complessi. È interessante tenere conto delle peculiarità di Erlang nello sviluppo di questo tipo di applicazioni. Il modo in cui vengono gestite le caselle di posta dei processi Erlang impone di alleggerire i test di corrispondenza per migliorare la velocità di elaborazione (si veda la sezione 5-2-2).

- Il coordinatore di trasferimento esiste solo sul nodo centrale. Questo nodo centrale si differenzia dagli altri nodi solo perché l'applicazione viene lanciata da questo nodo, dove si trova il coordinatore del trasferimento. Questo agente dispone di informazioni sui nodi vicini (occupazione della memoria, occupazione del processore, ecc.) tramite il gestore dei trasferimenti. Queste informazioni vengono aggiornate ciclicamente. Sincronizza le attività dei gestori dei trasferimenti sui diversi nodi. La regola definita per i trasferimenti è la seguente: il nodo più carico trasferisce alcuni dei suoi individui al nodo più leggero. Se il coordinatore decide quale nodo deve effettuare i trasferimenti, informa il gestore dei trasferimenti del nodo in questione.

- Il gestore dei trasferimenti informa il coordinatore dello stato del nodo su richiesta e attiva il movimento degli agenti.

  (vedi diagramma 7). Il gestore dei trasferimenti consente di alleggerire il processore decidendo se far migrare o meno i pesci in base allo stato del nodo. Se deve attivare un trasferimento, chiede al gestore delle liste l'elenco degli agenti maschi e femmine presenti sul nodo. Una volta ottenuto l'elenco, sceglie un numero uguale di maschi e femmine da spostare. Agli agenti che devono spostarsi vengono inviati messaggi di avviso.

- Il ruolo del gestore delle liste è quello di memorizzare gli identificatori degli agenti maschi e femmine della zona in cui si trova. Questi elenchi vengono aggiornati in caso di morte o nascita di un individuo. Il gestore delle liste ha un ruolo fondamentale: facilita il dialogo tra gli agenti e assicura una certa stabilità al sistema (cfr. sezione 6-7).

- Il gestore delle statistiche è un agente stazionario che dialoga con i processi del sistema per raccogliere determinate informazioni (vedi diagramma 7). In questo caso, memorizza il numero di individui nella zona in cui si trova. Altre informazioni, come la velocità di trasferimento, lo spazio di memoria utilizzato e l'occupazione del processore, possono essere gestite da questo agente.

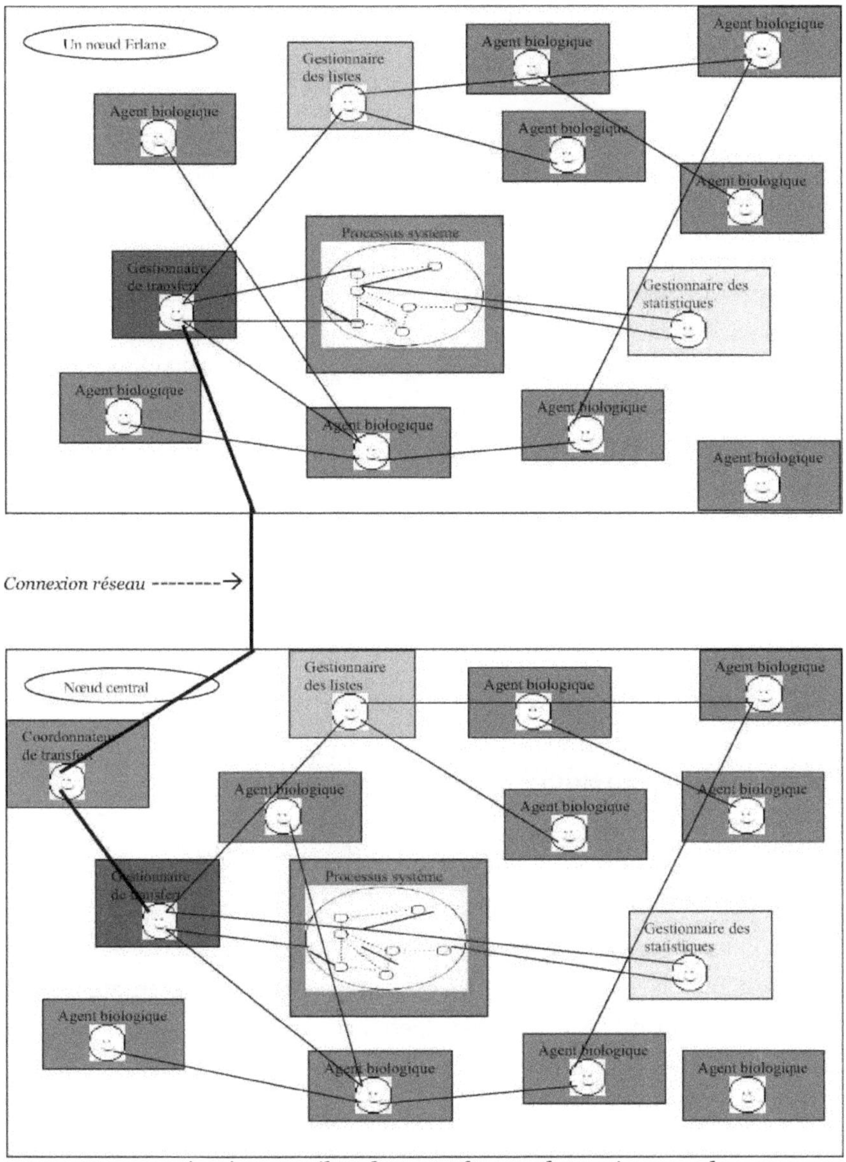

Diagramma 7: comunicazione tra il nodo centrale e un determinato nodo

6-1-2 Agenti biologici

Agli agenti organizzativi si contrappongono gli agenti biologici specifici del campo di applicazione. Questi agenti rappresentano le entità biologiche presenti nell'ambiente e le loro caratteristiche principali sono la capacità di muoversi, crescere e riprodursi, che sono i tre aspetti che cercheremo di illustrare in questo modello. Un'entità biologica è un maschio o una femmina.

- Il maschio è un agente mobile autonomo. La sua autonomia è simboleggiata dal semplice fatto che è l'unico a decidere quando si tratta di attivare la sua attività principale, che è quella di riprodursi. Non c'è alcun controllo su questo agente. Può comunicare con altri agenti, come il gestore delle liste, le femmine e il gestore dei trasferimenti nella sua zona. Comunica con gli altri agenti per riprodursi o per spostarsi. Per riprodursi, deve parlare con il gestore della lista e con la femmina inviata dal gestore della lista. Un maschio è in grado di spostarsi da un nodo all'altro in base alle risorse della zona, in questo caso i carichi del nodo corrente. Per effettuare uno spostamento è necessaria la sincronizzazione con il gestore dei trasferimenti a livello locale.
- La differenza di sesso è tra un maschio e una femmina. A parte il sesso, questi due tipi di agenti svolgono le stesse attività. L'autonomia che caratterizza i maschi vale anche per le femmine. In questo modello è rappresentata la riproduzione sessuale. Per questa attività, i due tipi di agente sono molto complementari. Approfondiremo la questione nella sezione 6-7.

6-2 Rappresentazione dell'ambiente

L'ambiente è suddiviso in diverse zone. Ogni zona è rappresentata da un nodo Erlang e l'insieme dei nodi costituisce l'ambiente. In questo modello non abbiamo incluso alcuna caratteristica dell'ambiente. Tuttavia, è possibile rappresentare caratteristiche quali salinità, risorse, disturbi multipli, ecc. Il nostro primo obiettivo è quello di poter rappresentare un numero molto elevato di agenti biologici (pesci) e di poterne simulare la crescita, la riproduzione, il movimento e la morte.

6-3 Rappresentazione di un individuo

Un'entità biologica (pesce) è rappresentata da un processo Erlang. Vengono rappresentate caratteristiche come il sesso, l'età, le dimensioni e il numero di figli. L'aggiornamento di queste caratteristiche è facilitato dalla struttura informatica (record) utilizzata per implementare questo tipo di dati. L'aggiornamento è gestito internamente dall'agente secondo regole scelte arbitrariamente. Un individuo ha una durata di vita limitata che dipende dalle sue dimensioni e dal numero di discendenti. Comunica con altri individui inviando messaggi. Questa corrispondenza è legata alle caratteristiche di Erlang, utilizzato come linguaggio di programmazione. È rappresentata solo la morte naturale. Un individuo è in grado di spostarsi da una zona all'altra. Questa rappresentazione di un singolo pesce da parte di un singolo processo Erlang è legata alla sua attività rappresentata. Un singolo pesce non ha molto da fare, a parte muoversi e riprodursi.

Per rappresentare un'attività leggermente più complessa, potremmo considerare un insieme di processi Erlang per rappresentare un'entità biologica (si veda il diagramma 8). Questi processi eseguiranno compiti specifici, come la comunicazione con altri agenti, il coordinamento della riproduzione, la ricerca di cibo, gli spostamenti, ecc. L'approccio consiste nell'incapsulare l'agente in una chiusura di agenti. In questo approccio, considereremo che un agente è composto da diversi processi Erlang e che questi processi vengono eseguiti nella chiusura di agenti. La chiusura sarà composta da diverse parti:

- In primo luogo, c'è un agente di controllo o supervisore che è responsabile dell'agente, dei processi che lo servono e del controllo dell'utilizzo delle risorse. A intervalli regolari, il supervisore dell'agente controlla l'utilizzo delle risorse da parte dei processi dell'agente. Le risorse sono l'uso della CPU e la quantità di memoria utilizzata da ciascun agente. Quando l'agente utilizza troppe risorse, il supervisore decide di fermarlo o meno. Con questo approccio, un agente può utilizzare solo una quantità limitata di risorse se vuole sopravvivere abbastanza a lungo per completare i suoi compiti. In questo caso, le risorse sono caratteristiche del sistema. È possibile stabilire una corrispondenza con le risorse dell'ambiente se le proprietà dell'ambiente sono rappresentate.
- Va notato che un agente può avere un dizionario dell'agente, che servirà come memoria persistente per i processi dell'agente. Tutte le informazioni necessarie ai processi dell'agente per funzionare correttamente saranno trovate e memorizzate in questo dizionario.
- Infine, è necessario implementare una parte che sarà responsabile della comunicazione con gli altri agenti per svolgere determinati compiti.

Tutte queste parti devono seguire l'agente mentre si sposta tra i nodi. Con questo approccio, la modularità sarà rispettata, ma c'è uno svantaggio: avremo agenti che utilizzano molte risorse di sistema. Implementare tutto sotto forma di processi è il modo normale di progettare applicazioni di questo tipo in Erlang e il linguaggio influenzerà notevolmente l'architettura di base degli agenti.

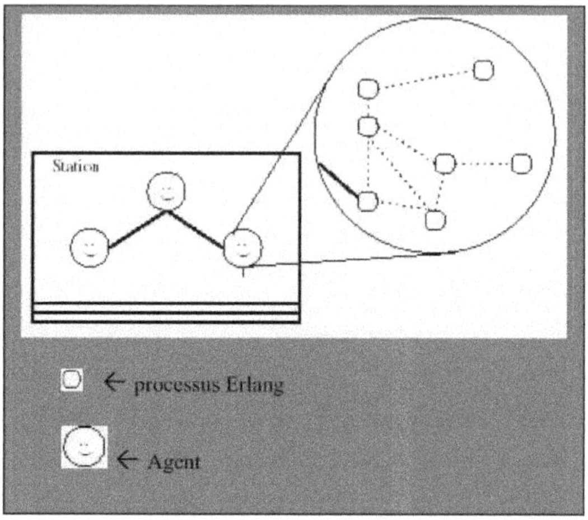

Diagramma 8: più processi Erlang per agente

6-4 Rappresentazione delle funzioni biologiche

6-4-1 Crescita

In questo modello sono state rappresentate quattro caratteristiche di un individuo: sesso, età, altezza e numero di figli. L'obiettivo è dimostrare che con Erlang è possibile rappresentare questo tipo di dati e farli evolvere nel tempo. Per astrarre queste informazioni viene utilizzata una struttura chiamata "record". Dopo X millisecondi, l'età e la dimensione vengono aumentate. L'età viene aumentata di un'unità e l'altezza di un numero casuale inferiore all'età dell'individuo. Questo dimostra che è possibile utilizzare equazioni più realistiche, come quelle di Von Bertalanfy, per modellare la crescita biologica di un individuo (progetto Rapsodie).

6-4-2 Spostamento

Il nostro sistema è composto da diversi nodi. Gli agenti sono rappresentati da processi Erlang. Va sottolineato che non esiste un modo diretto (una primitiva Erlang) per spostare i processi da un nodo all'altro. Se un processo "vuole" spostarsi, deve creare un nuovo processo sul nodo di destinazione e poi terminare sul nodo locale. Lo stato del vecchio processo viene trasferito dagli argomenti al processo generato. Questo metodo viene utilizzato per modellare la mobilità degli agenti. Le caratteristiche di un individuo non vengono modificate durante il trasferimento. Vengono trasferite al nuovo agente generato.

Il movimento di un individuo è legato allo stato della zona (nodo) in cui si trova. Il gestore dei trasferimenti valuta lo stato della zona e spetta al coordinatore dei trasferimenti decidere quale zona alleggerire e quale popolare. Una volta presa questa decisione, il gestore dei trasferimenti della zona scelta chiede ad alcuni individui della zona di spostarsi.

6-4-3 Mortalità

In questo modello è rappresentata solo la morte naturale. Vengono definiti una dimensione massima e un numero minimo di figli. La morte di un individuo è legata a questi due vincoli. Il numero minimo di figli permette di avere un numero elevato di individui nella zona e di controllarne il numero. Ogni individuo ha un controllo totale sul proprio numero di figli e sulle proprie dimensioni. La gestione di queste due caratteristiche è interna, ma è possibile avere una gestione esterna o un'influenza su queste caratteristiche in un modello più realistico. Ad esempio, in Rapsodie la mortalità è dovuta alle condizioni ambientali (ad esempio, la salinità) ed è quindi esterna all'agente. Prima di lasciare il sistema, l'agente deve informare il gestore dell'elenco delle zone, in modo che quest'ultimo possa aggiornare gli elenchi degli identificatori degli agenti. Questo tipo di messaggio ha la massima priorità nella casella di posta del gestore delle liste. Questa procedura consente al gestore delle liste di lavorare con valori reali e di garantire in una certa misura la stabilità del sistema. Questo parametro non deve assolutamente essere trascurato, perché se viene gestito male può mettere in attesa gli agenti, per un tempo indefinito, in attesa di risposte da parte di un agente inesistente.

6-4-4 Riproduzione

In questo modello, l'attività principale di un individuo è la riproduzione. Viene modellata la riproduzione sessuale, che implica necessariamente la sincronizzazione tra maschi e femmine che desiderano riprodursi. Sia i maschi che le femmine possono prendere l'iniziativa di riprodursi. Questa iniziativa è simboleggiata dalla richiesta al gestore della lista dell'identificativo di un individuo del sesso opposto. Una volta conosciuto questo identificativo, se si tratta di una femmina, viene inviato un messaggio che le chiede di riprodursi. Se si tratta di un maschio, la femmina gli invia un messaggio per informarlo che desidera riprodursi. In entrambi i casi, viene inviata una risposta affermativa.

La riproduzione è simboleggiata dalla creazione di un nuovo individuo. La probabilità che si tratti di un maschio o di una femmina è di ¥2. La femmina riposa per alcuni millisecondi dopo ogni riproduzione. Una femmina che si riproduce informa il maschio che ha avviato la riproduzione. Inoltre, invia un messaggio al gestore delle liste per aggiornare gli elenchi degli individui della zona. Dopo ogni riproduzione, sia il maschio che la femmina incrementano il numero dei loro figli e gli individui creati cercano a loro volta di riprodursi.

6-5 Risultati ottenuti

Vengono eseguiti test sulla base del modello proposto. Si considera un sistema composto da tre nodi e la distribuzione del carico è legata alla potenza delle macchine. Due nodi Erlang sono utilizzati per memorizzare i processi (individui) creati. Il terzo è utilizzato per lanciare l'applicazione e memorizzare il coordinatore del trasferimento. Questo è chiamato nodo centrale, in base a quanto detto nella sezione 6-1-1.

I test effettuati sono presentati sotto forma di curve per vedere e interpretare l'evoluzione del numero di individui e dell'occupazione del processore, in termini di percentuale in funzione del tempo sui due nodi, e per effettuare eventuali confronti. Consideriamo quattro scenari per i test, variando il numero iniziale di individui:

- 200 individui: con questo numero ridotto, il fenomeno della riproduzione e della morte degli individui sarà più facile da comprendere.
- 40.000 individui: questo numero iniziale di individui illustrerà la velocità di evoluzione della popolazione e la stabilità del sistema con un numero maggiore o minore di individui.

- 100.000 individui: è importante ricordare l'obiettivo che sta alla base dello sviluppo di una simile applicazione. Con un tale numero iniziale di individui, saremo in grado di proiettare il comportamento del sistema e le sue predisposizioni, in modo da poter essere coinvolti nello sviluppo di questo modello in futuro.
- 200.000 individui: i limiti del sistema devono essere tenuti in considerazione per evitare situazioni che potrebbero portare all'instabilità.

Per ognuno di questi numeri presi inizialmente, presenteremo tre curve: sulla prima, rappresenteremo l'evoluzione del numero di individui in funzione del tempo sui due nodi (intitolati Rox e Yassa Poulet con le stesse prestazioni della CPU (2,00 GHz-1,99 GHz), RAM (256)) e sulle altre due, mostreremo l'occupazione del processore in funzione del tempo su ogni nodo.

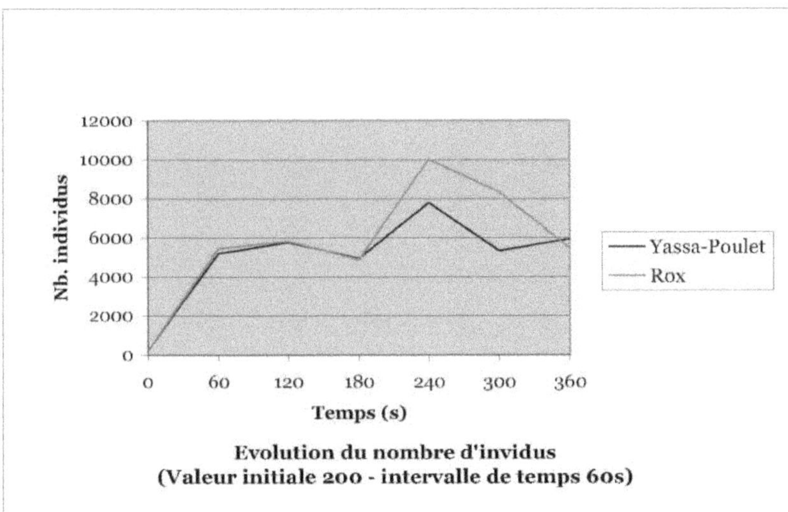

Figura 9

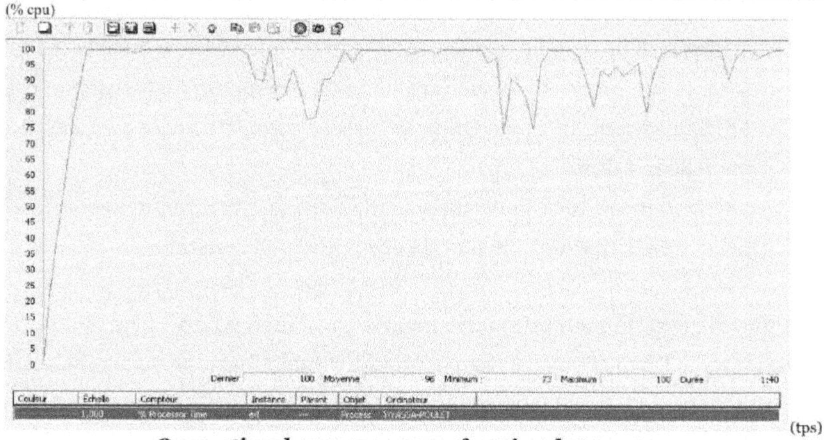

Occupation du processeur en fonction du temps
(Valeur initiale 200 individus sur Yassa-Poulet)

Diagramma 10

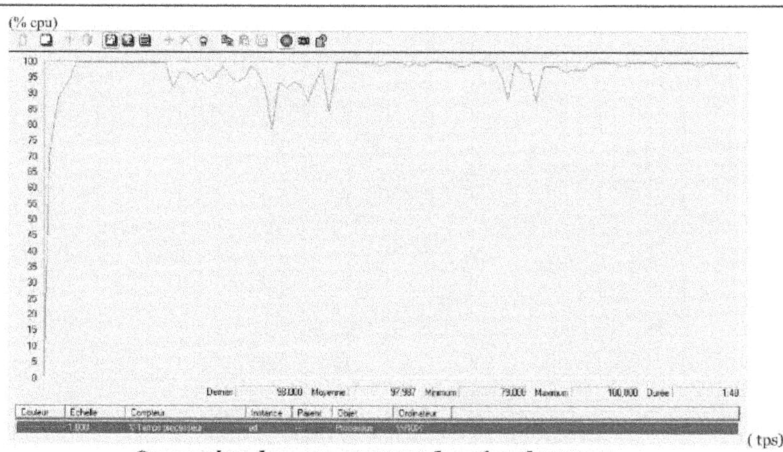

Occupation du processeur en fonction du temps
(Valeur initiale 200 individus sur Rox)

Diagramma 11

Nelle quattro situazioni definite sopra (variazione del numero di individui), i test vengono eseguiti con lo stesso numero di maschi e di femmine. Sulla base di questi risultati iniziali, la simulazione è stata eseguita inizialmente con 200 maschi e 200 femmine. La Figura 9 mostra chiaramente che la variazione del numero di individui è quasi la stessa per entrambi i nodi. Da un punto di vista informatico, questo può essere interpretato come una certa stabilità dell'applicazione.

La velocità di evoluzione della popolazione è troppo importante per essere menzionata. Da 200 individui iniziali, abbiamo raggiunto poco più di 5000 individui dopo 60 secondi di simulazione. Ciò illustra chiaramente la velocità del sistema e, da un punto di vista biologico, l'altissima disponibilità di individui per la riproduzione e la rapidissima compensazione della mortalità. Questa velocità è dovuta alla piena disponibilità dei due processori sui due nodi. Per quanto riguarda l'esecuzione dell'applicazione, in media viene occupato il 96% del tempo del processore su Yassa-Poulet e il 97,98% su Rox (Figura 10 e Figura 11).

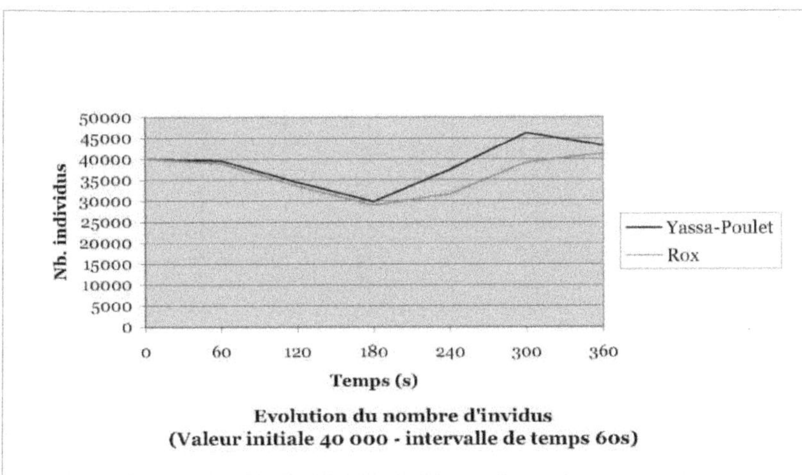

Diagramma 12

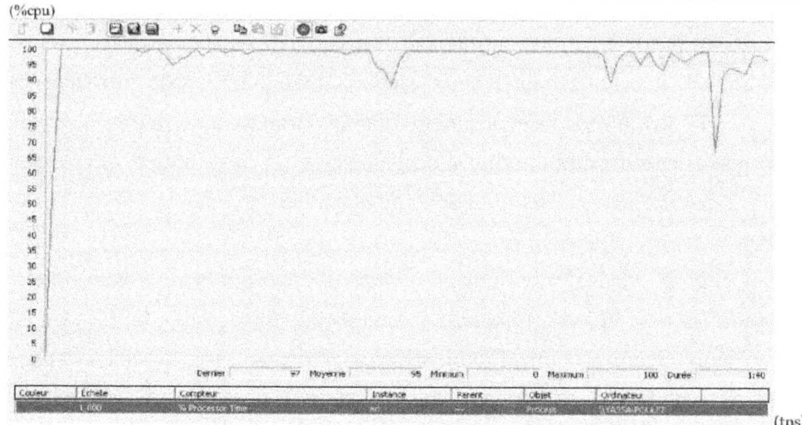

Occupation du processeur en fonction du temps
(Valeur initiale 40000 individus sur Yassa-Poulet)

Diagramma 13

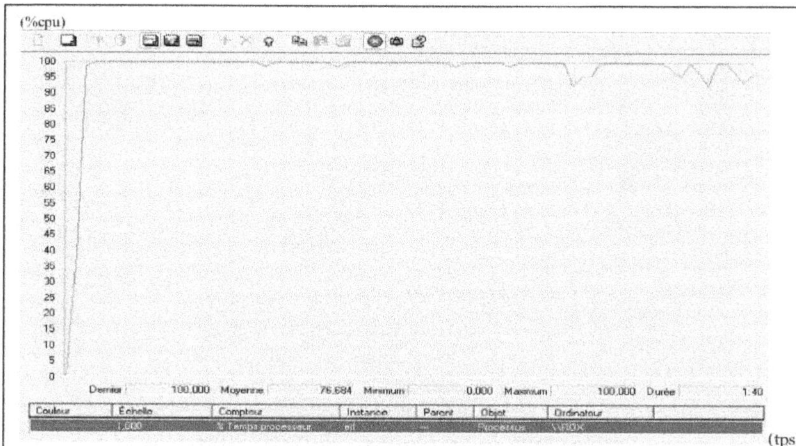

Occupation du processeur en fonction du temps
(Valeur initiale 40000 individus sur Rox)

Figura 14

Se ricordiamo le difficoltà incontrate con Rapsodie, con questo numero iniziale relativamente alto di individui, osserviamo un ottimo comportamento del modello e del sistema in particolare. Con Rapsodie, la memoria si satura a circa 20.000 individui. Se confrontiamo questo dato con i risultati già ottenuti, possiamo dire di aver superato almeno un ostacolo, come mostra il diagramma 12 (un aumento più o meno significativo del numero di individui).

Le caratteristiche biologiche considerate e i criteri di mortalità hanno influito notevolmente sulla variazione del numero di individui. Questo per dire implicitamente che questa evoluzione un po' irrealistica è dovuta ai criteri di scelta arbitrari utilizzati per rappresentare alcune funzioni biologiche. I due nodi occupano più processori, ma questo è tutt'altro che un problema con un sistema potente come Erlang.

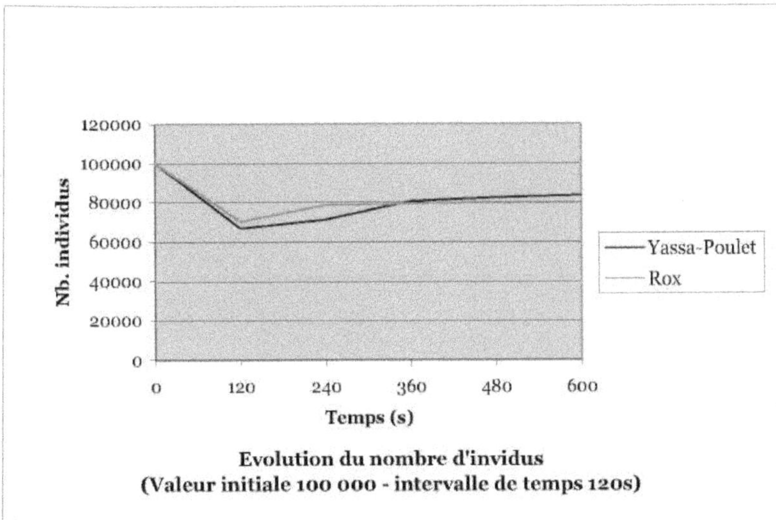

Diagramma 15

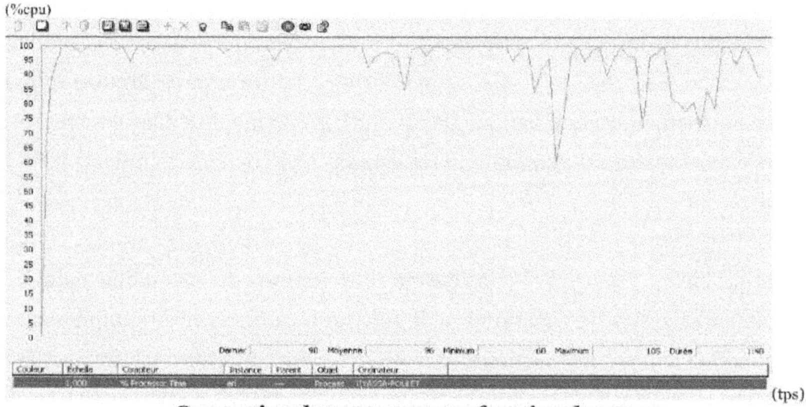

Occupation du processeur en fonction du temps
(Valeur initiale 100000 individus sur Yassa-Poulet)

Diagramma 16

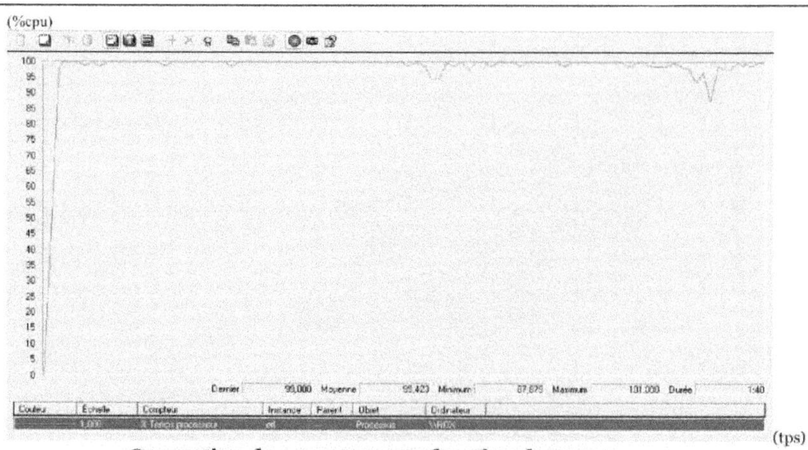

Occupation du processeur en fonction du temps
(Valeur initiale 100000 individus sur Rox)

Diagramma 17

Con un numero iniziale di 100.000 individui in ogni zona, possiamo arrivare a cifre impressionanti se consideriamo una rete più ampia di nodi Erlang. Anche con questo numero molto elevato di agenti biologici (individui), possiamo vedere che la comunicazione tra gli agenti funziona "perfettamente" perché, in un dato momento, osserviamo una crescita delle due curve (Figura 15).

È importante notare che sarebbe molto difficile raggiungere i 100.000 individui. Abbiamo registrato una stabilizzazione intorno agli 80.000 individui, un numero del tutto soddisfacente rispetto agli obiettivi che ci eravamo prefissati. Ne consegue che c'è un sicuro interesse a portare avanti questo lavoro concettuale, poiché alcuni aspetti sono stati illustrati solo per evidenziare le predisposizioni di Erlang per lo sviluppo di questo tipo di applicazioni. Sul nodo Rox, l'occupazione media dei processori è del 99%, mentre su Yassa-Chicken è del 96% (diagrammi 16 e 17). Anche questo dato è legato alle architetture dei due computer.

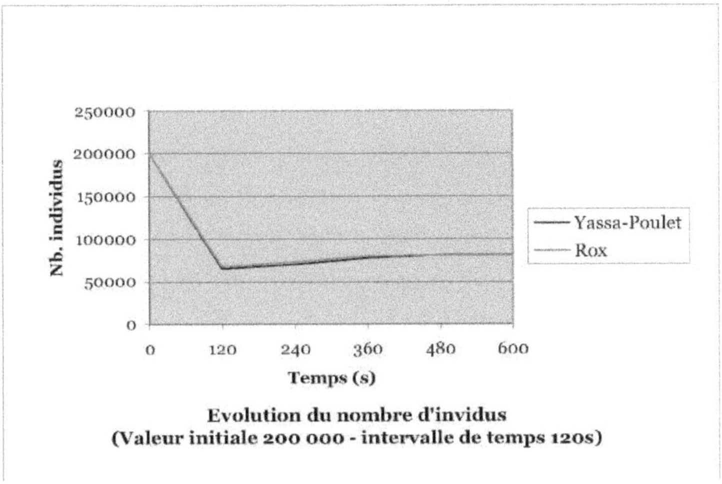

Diagramma 18

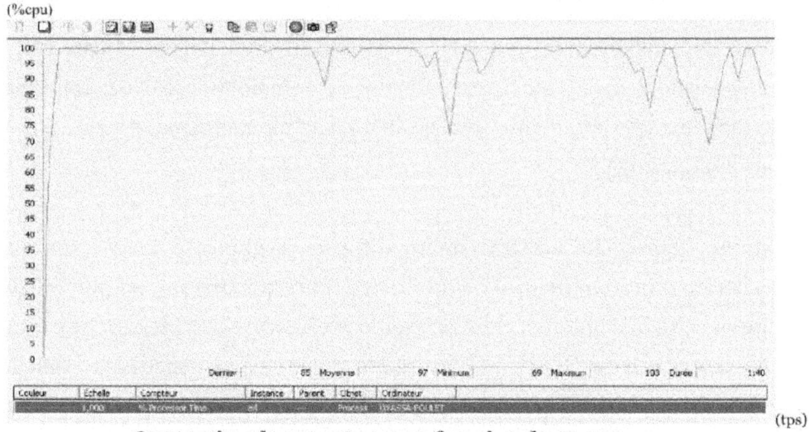

Occupation du processeur en fonction du temps
(Valeur initiale 200000 individus sur Yassa-Poulet)

Figura 19

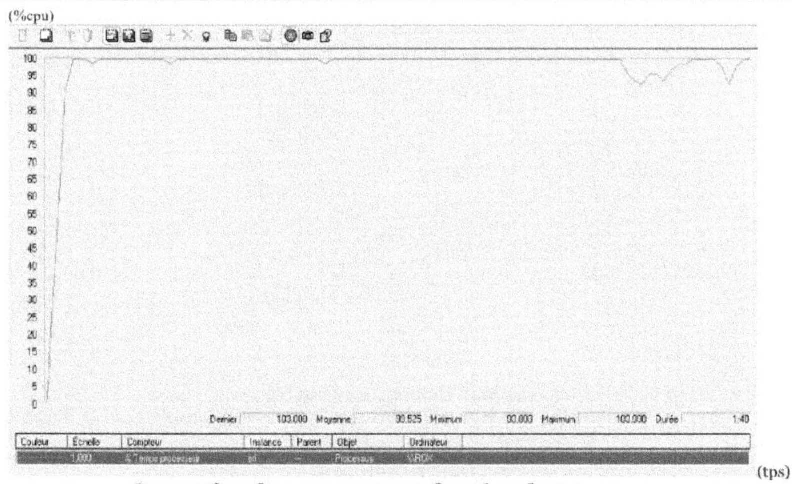

Occupation du processeur en fonction du temps
(Valeur initiale 200000 individus sur Rox)

Diagramma 20

Lo studio di questa curva (diagramma 18) ci indica l'obbligo di tenere conto delle caratteristiche del sistema. All'inizio di questa relazione, abbiamo definito le capacità del sistema in termini di numero di processi che è in grado di gestire: 262.144 è il numero massimo di processi che il sistema è in grado di gestire. Lanciando 200.000 processi su ogni nodo, costringiamo il sistema a reagire per non subire conseguenze disastrose. Di conseguenza, il sistema ha reagito molto rapidamente, con una netta diminuzione delle due curve (Figura 18). L'occupazione del processore è molto importante, non per il corretto funzionamento degli agenti (processi Erlang) ma per interagire con il sistema per alleggerire il processore (diagrammi 19 e 20). Anche gli agenti biologici subiscono gli stessi effetti, perché il fenomeno della riproduzione è poco visibile e la mortalità degli agenti è molto difficile da dissociare dalle conseguenze della reazione del sistema.

7 Le prospettive

Il modello proposto è sicuramente interessante, in quanto implementa una nuova architettura di simulazione multi-agente in un ambiente di processo concorrente e il suo utilizzo è adattato ai fenomeni di dinamica delle popolazioni ittiche. Tuttavia, ci sono ancora aspetti del modello che devono essere migliorati, in particolare l'aspetto biologico, con una migliore rappresentazione delle caratteristiche e delle funzioni biologiche considerando, ad esempio, criteri di crescita più realistici e una rappresentazione di diverse specie di agenti biologici. Questo lavoro sarà possibile grazie alla collaborazione con i biologi dell'IRD e al riutilizzo di forme equazionali che modellano la crescita, combinate con l'applicazione di tassi di mortalità, ecc.

La rappresentazione di un agente biologico attraverso diversi processi Erlang proposta nella sezione 6-3 potrebbe essere presa in considerazione in futuro per migliorare l'agentificazione. Da un punto di vista computazionale, la natura distribuita di Erlang è stata ampiamente utilizzata per aumentare il numero di agenti e migliorare la strutturazione dell'ambiente. Questo potrebbe essere migliorato aumentando il numero di nodi (un processore per nodo).

L'accoppiamento di tale modello con un database sembra interessante, soprattutto perché Erlang dispone di un DBMS molto potente chiamato Mnesia. La gestione dei dati in un sistema di telecomunicazioni richiede un alto grado di tolleranza agli errori e di coerenza del DBMS (database management system). Questo DBMS può essere considerato a oggetti e le tabelle possono essere distribuite su una rete eterogenea. Tale accoppiamento può rallentare la simulazione, ma in un altro senso può contribuire ad alleggerire i processori che ne hanno bisogno, secondo i risultati presentati nella sezione 6-5.

Conclusione

Il risultato principale di questo lavoro è la proposta di un modello concettuale in grado di implementare un sistema complesso in un ambiente di processo concorrente (Erlang). Non è un'impresa da poco aver dimostrato che Erlang è adatto allo sviluppo di questo tipo di applicazioni. Questo modello fornisce una visione generale per la rappresentazione in Erlang dell'ambiente, degli individui biologici che lo compongono e delle interazioni tra questi individui, nonché dei fenomeni che derivano da queste interazioni. Per quanto riguarda la rappresentazione delle funzioni biologiche, Erlang dispone di importanti meccanismi per implementare questo tipo di informazioni.

Siamo riusciti a rispondere a molte delle domande sollevate dal progetto Rapsodie, in particolare alla lentezza della simulazione, alla rapida saturazione e, soprattutto, all'utilizzo di un numero molto elevato di individui. Tuttavia, resta ancora molto lavoro da fare, in particolare per rappresentare le caratteristiche dell'ambiente con fenomeni di riproduzione, crescita e mortalità più vicini alla realtà, al fine di ottenere un modello leggermente più realistico.

Appendice A
Smalltalk

i L'ambiente di sviluppo

Utilizziamo l'ambiente di sviluppo **visualworks** per scrivere codice smalltalk, visualizzare oggetti, progettare programmi e sviluppare applicazioni.
Il sistema è composto da tre parti principali:
- La macchina virtuale.
- Il file immagine.
- File di origine.

i-i la macchina virtuale

Comprende un processore, processi virtuali e un linguaggio assembly (che produce codice byte). Assicura che il codice smalltalk fornito funzioni correttamente (trasforma il codice smalltalk in codice byte, che viene poi interpretato dal processore virtuale).

1-2 Il file immagine

Contiene il codice byte interpretato dalla macchina virtuale e gli oggetti contenuti nel sistema in un determinato momento.

1-3 File sorgente

Un file sorgente contiene il codice testuale dei metodi iniziali del sistema e il file ".change" per i metodi aggiunti dallo sviluppatore.

2 Sintassi del linguaggio

2-1 Costanti

Abbiamo le seguenti costanti: numeri, caratteri, stringhe, simboli e array.
- **Numeri :**
  5.12, -5, ecc.
- **Caratteri:** oggetti che rappresentano simboli dell'alfabeto.
  $a, $g , $v ecc.
- **Stringhe di caratteri :**
  ciao", "mondo", ecc.
- **Simboli:** oggetti che rappresentano stringhe di caratteri usati per i nomi dei sistemi.
  rosso #, #+, ecc.
- **Tabelle:** rappresentano strutture di dati il cui contenuto può essere referenziato da un numero intero compreso tra 1 e la dimensione della tabella. Rispondono ai messaggi di accesso a un elemento, di modifica di un elemento, ecc.
  #(12 5), #($a $b $c), #(('u' 'n') 'due' ($t $r $o $i $s)), ecc.

2-2 Variabili

Una variabile è un oggetto. Esistono variabili private, a cui può accedere un solo oggetto, e variabili condivise, a cui possono accedere più oggetti.
- Il nome di una variabile inizia con una lettera minuscola per le variabili private (locali) e con una lettera maiuscola per le variabili condivise (globali).
  a, indice, rettangolo, ecc...
- I dati di un oggetto sono memorizzati in variabili chiamate variabili di istanza, che rappresentano lo stato attuale dell'oggetto. Il contenuto di queste variabili è accessibile

solo da un metodo di questo oggetto.

- L'assegnazione viene utilizzata per modificare il contenuto di una variabile.
  indice:= 3
  indice := indice - 1
- Una pseudo-variabile si riferisce a un oggetto che non può essere modificato da un'assegnazione.
  nil, true, false, self, ecc.

2-3 Messaggi

Un messaggio è una richiesta a un oggetto (ricevitore) di eseguire uno di questi metodi. Le espressioni di Smalltalk vengono interpretate come l'invio di un messaggio. Gli oggetti interagiscono inviando messaggi. Esistono tre tipi di messaggi.

- Messaggi unari :
  Sono quelli inviati a un oggetto senza parametri, che riguardano solo il destinatario.
  Esponente: x sin.
- Messaggi binari :
  Corrispondono a un metodo o a un argomento.
  Exple : indice - 1
- Messaggio con parola chiave:
  Permettono di costruire messaggi con il numero di argomenti desiderato (ogni parola chiave termina con un ":").
  Exple : #('a','b','c') at : 1 put : 'b'.

- Priorità

La valutazione inizia con :

1- Valutazione di espressioni unarie .
2- Valutazione di espressioni binarie.
3- Infine, la valutazione dei messaggi di parole chiave.

- sequenza e cascata

Una sequenza consiste in una serie di messaggi inviati a vari oggetti. In smalltalk, due istruzioni sono separate da un ".

Il collegamento a cascata consiste nell'inviare diversi messaggi allo stesso oggetto, separati da ";".

Exple : x := list new.
x add: 1.
x add: 2.
x add: 6.

ZaE E aria Yamar NDAYE

x inspect.
Equivaut à écrire: x := list new add:1; add: 2; add: 6; inspect.

2-4 blocchi

Un blocco è un oggetto, un'istanza della classe BlockClosure, in grado di contenere codice e di valutarlo contestualmente e su richiesta. Le espressioni di un blocco non vengono valutate direttamente. Può essere assegnato a una variabile e ricevere messaggi.
Un blocco esegue queste espressioni quando riceve il messaggio di **valore**.

: | x y |.
x := [4 + 10]. x inspect. -> a BlockClosure.
Esplicito x := [4 + 10] value. x inspect. -> 14.

2-5_Strutture di controllo

2-5-1 Strutture alternative

```
        4 > 5 ifTrue : [x := #true].
Exple : 2 < 3 ifFalse: [y := #false].
```

Le classi True e False definiscono i metodi di istanza ifTrue e ifFalse.

2-5-2 Strutture ripetitive

Nella classe BlockClosure vengono definiti i metodi whileTrue e whileFalse. I destinatari di questi metodi devono essere blocchi il cui valore è booleano.

```
            : | f n |.
            f := 1. n := 4.
Esplicito   [ f = 1 ] whileFalse : [f := f * n. N := n-1].
```

n **volteRipetizione:** unBloc.
Questa espressione valuta il blocco unBloc n volte (n è il destinatario).
1 **a:** n **fare:** [:i | x := x + 1].
Questa espressione valuta il blocco i volte (i va dal ricevitore T a n), con i come parametro.

3 Le classi

La descrizione di una classe è composta da due parti:

- **La parte esterna :**

La descrizione di un protocollo, che descrive l'interfaccia (elenco di messaggi a cui le istanze della classe sanno come rispondere) della classe (specifica).

- **La parte interna :**

Descrizione dell'implementazione (definizione delle variabili di istanza e dei metodi) delle operazioni della classe utilizzate per rispondere ai messaggi.

L'implementazione consiste in tre parti: il nome della classe, la dichiarazione delle variabili di istanza e di altre variabili e i metodi di istanza e di classe utilizzati per rispondere ai messaggi.

4 Eredità

Questo meccanismo può essere visto come una relazione asimmetrica tra due classi, in cui una delle classi riutilizza (eredita) le dichiarazioni di metodi e variabili della seconda, come se le dichiarazioni fossero state fatte al suo livello.

La classe ereditata contiene solo le dichiarazioni ad essa specifiche.
Nella presentazione abbiamo visto che le classi sono accessibili direttamente nell'ambiente di sviluppo e possono quindi essere ridefinite.

Illustreremo questa sezione definendo la classe BankAccount e il metodo payAmount associato a questa classe.

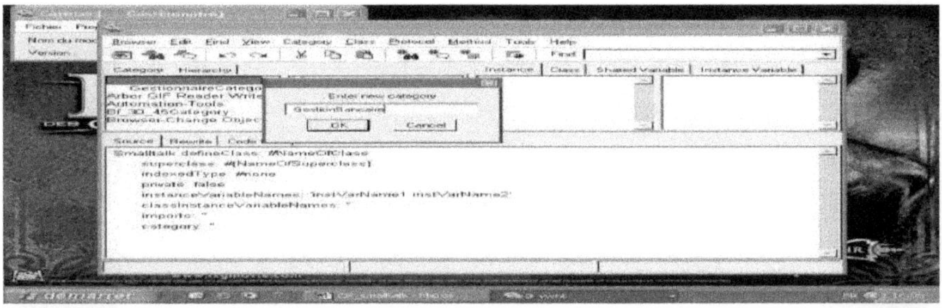

Definizione della categoria GestionBancaire.

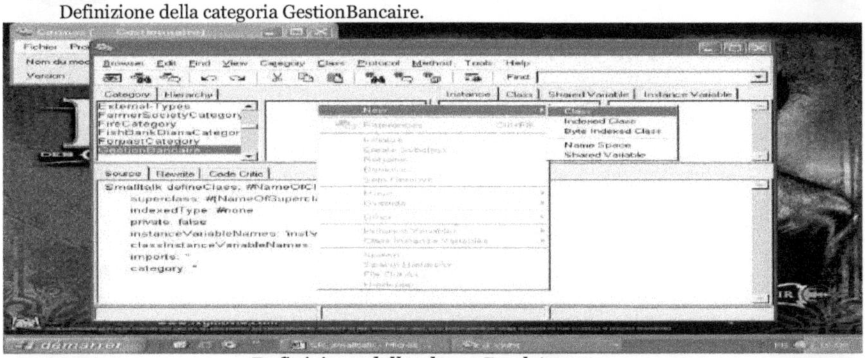

Definizione della classe BankAccount.

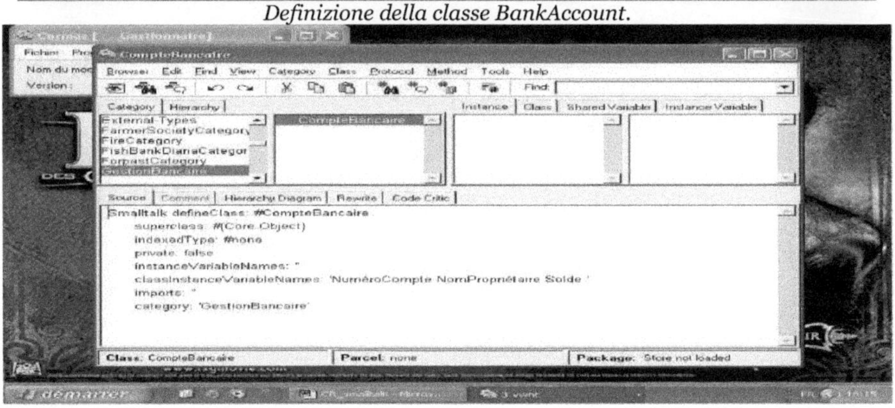

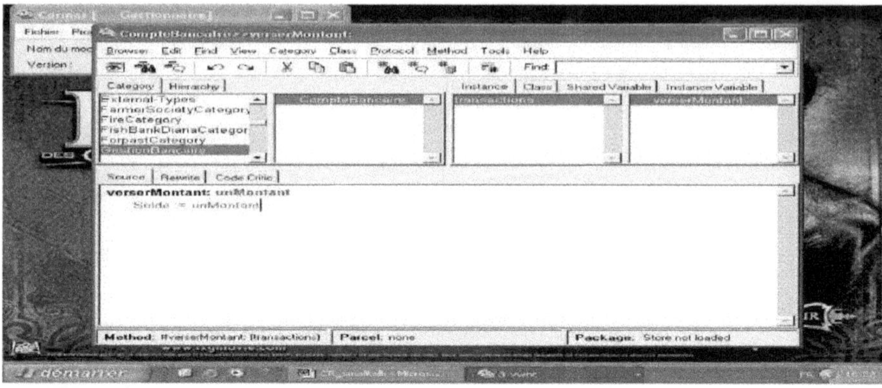

Definizione del metodo payAmount.

Appendice B

Erlang

1 L'ambiente di sviluppo

Per muovere i primi passi con Erlang, è necessario installare l'ambiente di sviluppo. Per farlo, visitate il sito ufficiale di Erlang all'indirizzo www.erlang.org.

1-1 La macchina virtuale

La macchina virtuale è il cuore dell'ambiente di esecuzione dei programmi sviluppati in Erlang. Agisce come un livello di astrazione, consentendo di eseguire lo stesso file binario di pseudocodice su sistemi diversi senza alcuna ricompilazione. In questo modo, lo sviluppatore ha a disposizione un ambiente completo e coerente, che lo libera dai vincoli associati all'uso di metodi specifici di un sistema operativo.

La macchina virtuale Erlang nota come "jam" (joe abstract machine) è stata sostituita dalla macchina virtuale "beam", che ora viene fornita con l'ambiente di sviluppo.

1-2 La shell Erlang

Definita come punto di accesso all'interprete Erlang, la Shell è responsabile della compilazione, del caricamento e dell'esecuzione dei programmi Erlang. Inoltre, monitora e controlla l'esecuzione.

La Erlang Shell viene lanciata con il comando "erl", dal Dos. Per Windows è disponibile una versione grafica. È essenzialmente uno strumento per eseguire comandi in modo interattivo. È importante notare che, da una Erlang Shell, è possibile utilizzare le funzioni di rete dell'ambiente per aprire una sessione remota su un'altra macchina virtuale Erlang.

1-3 File sorgente

Lo sviluppo di Erlang richiede la produzione di file sorgente. Questi hanno l'estensione ".erl". Ogni file sorgente contiene il codice corrispondente a un modulo (un'unità organizzativa di codice che raggruppa diverse funzioni). Le applicazioni Erlang vengono sviluppate definendo moduli che, una volta compilati, possono essere utilizzati dall'interprete.

Definiremo un semplice modulo e passeremo alla sua esecuzione nella prossima sezione. Iniziamo inserendo il seguente codice in un file di testo, al di fuori dell'interprete Erlang.

```
-module(bonjour).
-export([afficher/0]).
afficher() -> io:format("Bonjour tout le monde ! ",[]).
```

Questo codice deve essere salvato in un file chiamato "bonjour.erl". Il nome del modulo deve essere identico a quello del file.

1-4 Compilazione

La funzione "c()" è integrata nel sistema e viene utilizzata per compilare un file sorgente situato nella directory corrente. Accetta come parametro il nome del modulo. Se la compilazione ha successo, il compilatore genera un file contenente pseudocodice, con il nome del modulo e l'estensione ".beam". Per impostazione predefinita, questo file viene collocato nella directory corrente.

Ad esempio, per il nostro modulo precedente, la compilazione avviene con il seguente comando, da lanciare dalla riga di comando con il nome del modulo "hello" come parametro. Prima è necessario lanciare l'interprete dalla directory in cui si trova il file.

```
1> c(bonjour).
   {ok,bonjour}
```

La seconda riga indica che la compilazione è stata completata con successo. È ora possibile avviare l'esecuzione richiamando la funzione "displayQ", preceduta dal nome del modulo.

```
2> bonjour:afficher().
   Bonjour tout le monde !
   Ok
```

2 Variabili e tipi elementari

2-1 Interi

Gli interi in Erlang non sono limitati a un particolare intervallo di valori, come avviene nei linguaggi di basso livello. Erlang gestisce automaticamente i numeri grandi, senza preoccuparsi di digitare la variabile in termini di dimensione.
Esempio:

2-2 Quelli veri

X = 12345678901234567890 * 12345678901234567890.

Questo tipo viene utilizzato per manipolare numeri in virgola mobile anziché interi. Il punto viene utilizzato come separatore decimale. Si noti anche la notazione esponenziale, che consiste nel rappresentare un numero con una sola cifra prima del separatore decimale. L'ordine di grandezza è espresso dal carattere "E" seguito dal numero di volte che il numero deve essere moltiplicato per 10 per ottenere la sua rappresentazione reale.

```
          Y = -4.1356
          Z = 1234.12     équivaut à   1.23412E3.
Esempio:  K = 0.00012     équivaut à   1.2E-4
```

2-3 Atomi

Questo tipo rappresenta costanti contenenti informazioni sotto forma di sequenza di caratteri. Viene utilizzato per implementare le convenzioni di sviluppo e contribuisce a rendere i programmi più leggibili. Gli atomi sono ampiamente utilizzati per dare un nome alle strutture di dati.

Un atomo può contenere qualsiasi tipo di carattere, purché sia racchiuso da semplici spazi " ' ' ". Gli ellissi sono facoltativi se l'atomo inizia con una lettera minuscola dell'alfabeto e contiene solo caratteri alfabetici o numerici o il trattino basso "_".

Esempio:
'Atome avec quottes'
atome_2_sans_quotte
atome123_trois

2-4 Identificatori di processo

Questo tipo dimostra l'importanza dei processi e dello sviluppo parallelo in Erlang. L'identificatore di un processo è unico su un nodo Erlang e anche sulla scala di una rete di macchine virtuali Erlang interconnesse.

Un processo è definito da tre numeri interi, incorniciati dai caratteri "<" e ">" e separati dai punti ". La presenza di un identificatore di processo conferisce importanti privilegi su questo processo. È possibile inviare messaggi a questo processo per influenzarne il comportamento o ucciderlo.

Esempio: <0.23.0> ! stopped.

2-5 Riferimenti

I riferimenti sono spesso utilizzati dai moduli di sistema Erlang e raramente dagli sviluppatori, che li usano solo quando vogliono avere un identificatore unico per tutti i nodi della rete. I riferimenti sono generati dalla funzione incorporata make_ref/0.

Esempio:
1> X= make_ref().
#ref<0.0.0.107>

2-6 Tipi composti e strutture di dati

Come i tipi elementari, anche i tipi composti sono in numero molto limitato. Ne esistono due: liste e tuple. Possono essere utilizzati per modellare tutte le strutture di dati.

2-6-1 Elenchi

Un elenco può contenere diversi tipi composti o elementari. Le parentesi quadre "[" e "]" indicano l'inizio e la fine di un elenco. Gli elementi di un elenco sono separati da virgole e non sono limitati.

Gli elenchi sono generalmente utilizzati per modellare strutture il cui numero di elementi non può essere determinato in anticipo. La ricorsione è ampiamente utilizzata nell'elaborazione degli elenchi.

Esempio:
N = [10, 2, 56, 67].
T = [<0.1.0>, <0.23.0>, #ref<0.0.0.107>, true, jean].
Listevide = [].
ListeDeListe = [[10, 2, 56, 67], [<0.1.0>, <0.23.0>, #ref<0.0.0.107>, true, jean], [true, false, error]].

Per l'elaborazione degli elenchi, l'estrazione delle voci e così via, vedere l'*elenco dei programmi.*

2-6-2 Tuple

Le tuple, come gli elenchi, possono contenere diversi tipi composti o elementari. Le parentesi graffe "{" e "}" indicano l'inizio e la fine di una tupla. Gli elementi di una tupla sono separati da virgole ",". L'uso di una tupla implica che si conosca in anticipo il numero di elementi che contiene e

che si voglia dare un significato a ciascuno dei suoi elementi.
Per maggiori dettagli, consultare l'*elenco dei programmi.*

Esempio: Tuple_1 = {``Stephan``, ``Guy``, ``entraîneur``}.

2-6-3 Le strutture

Le strutture sono una generalizzazione delle tuple. Fondamentalmente, consentono di tipizzare le informazioni contenute in una tupla, facilitano la manutenzione del codice evitando modifiche importanti e migliorano la leggibilità del codice consentendo l'accesso a un elemento della tupla per nome. Per definire una struttura di dati, una dichiarazione della forma :

```
-record(studente,{nome, cognome, facoltà, livello}).
```

Il primo parametro definisce il nome della struttura e il secondo parametro definisce una tupla di atomi, che simboleggiano gli elementi della struttura (campi).

È importante notare che ogni volta che si utilizzano istruzioni di manipolazione di strutture, il compilatore le sostituisce con istruzioni per tuple equivalenti. Il record precedente è rappresentato dalla seguente tupla: {studente, cognome, nome, facoltà, livello}.
Per accedere ai valori di una struttura si utilizza la seguente sintassi:

```
Variabile#nome_struttura.nome_campo.
```

La variabile Variabile deve essere collegata a una struttura di tipo nome_struttura e il campo si chiama nome_campo.
Per un'illustrazione, vedere l'*elenco dei programmi.*

2-6-3 Il tipo binario

Questo tipo esiste solo nelle nuove versioni di Erlang. È utilizzato essenzialmente per definire i protocolli di comunicazione di rete e può memorizzare informazioni in formato binario ed eseguire direttamente operazioni binarie. Questo tipo presenta alcune caratteristiche non trascurabili, in particolare il consumo di memoria, che non è significativo rispetto alle liste, e le prestazioni della sua elaborazione, ad esempio il passaggio di un parametro binario a una funzione non comporta la sua duplicazione rispetto ad altri tipi.

2-7 Strutture di controllo

A differenza di altri linguaggi, Erlang ha poche strutture di controllo, ma possono essere sviluppate in base alle proprie esigenze.

2-7-1 Loop

I cicli For, while e do while non esistono in Erlang perché non rispondono a un'esigenza diretta e il linguaggio dispone di strumenti molto potenti, come la ricorsione, per modellare ogni tipo di ciclo concepibile.

Si tratta di funzioni ricorsive, che vengono utilizzate al posto dei cicli per evitare gli effetti di margine che sono molto comuni con questi ultimi. Il modulo seguente modella i cicli for e while:

```
-module(boucles).
-export([boucleFor/2, boucleWhile/1]).
boucleFor(Val, Val) -> ok;
boucleFor(Val1, Valn) ->
            io:format("compteur = ~p~n",[Val1]),
            boucleFor(Val1 + 1, Valn).

boucleWhile(Val)when Val =< 0 -> ok;
boucleWhile(Val) -> io:format("etape : ~p~n", [Val * 2]),
          boucleWhile(Val - 1).
```

2-7-2 Elaborazione condizionale

- l'istruzione case: viene utilizzata per eseguire un test condizionale, utilizzando il pattern matching e le guardie che vedremo in seguito.

```
Syntaxe : case Valeur of
        Motif1 -> traitement1 ;
        Motif2 -> traitement2
        end.
```

- L'istruzione if: la condizione per l'esecuzione dell'istruzione k dipende dal risultato restituito dall'espressione k.

```
Syntaxe : if Expression1 -> instruction1 ;
             Expression2 -> instruction2 ;
             Expression3 -> instruction3 ;
             true -> instruction_par_defaut
          end.
```

- Protezioni: si usano per selezionare una clausola da eseguire. Vengono utilizzate, con la stessa sintassi, per le clausole di un'istruzione case. L'espressione di guardia può utilizzare solo le seguenti operazioni di confronto: ==, =/=,

Sintassi :

```
fonction(Val1, Val2) when Garde -> traitement ;
 Fonction(Val1, Val2) -> traitement2.
```

3 I cookie in Erlang

Illustriamo questa sezione collegando tre nodi (A, B, C) in due casi:

- I tre nodi hanno la stessa *magia dei cookie*.
- I tre nodi hanno "*biscotti magici*" diversi.

Caso 1:

Il *cookie* si chiama *cookiemagic*

Nomi dei nodi :

nodo A-> noeudA@mach.inei

nodo B-> nodoB@macchina2

nodo C-> nodoC&machinez

I tre nodi risiedono su macchine diverse appartenenti alla stessa rete.
Il rettangolo grande rappresenta la rete di nodi Erlang.

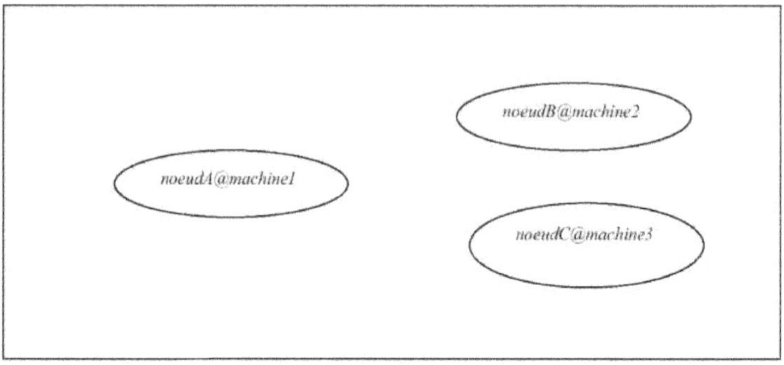

Schema 1: configurazione della rete

Ora eseguiamo i seguenti comandi: NodoA: *net_adm :ping('nodeB@machine2').* Nodo B: *net_adm :ping('nodeC@machine3').*

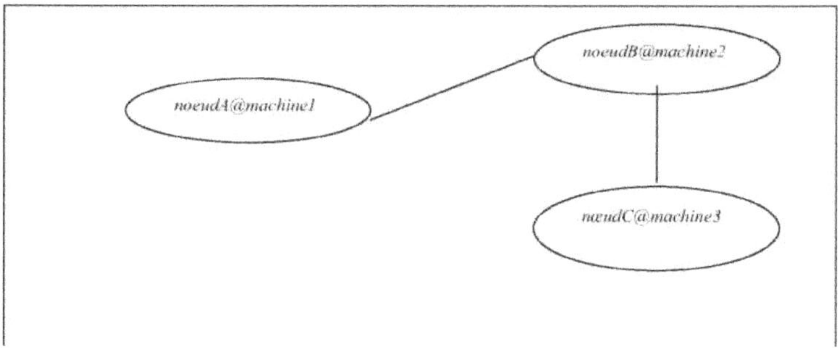

Schema 2: connessione tra i nodi

Il diagramma 2 mostra la connessione stabilita in modo esplicito, dopo l'emissione di questi comandi, mentre il risultato implicito della connessione è mostrato nel diagramma 3.

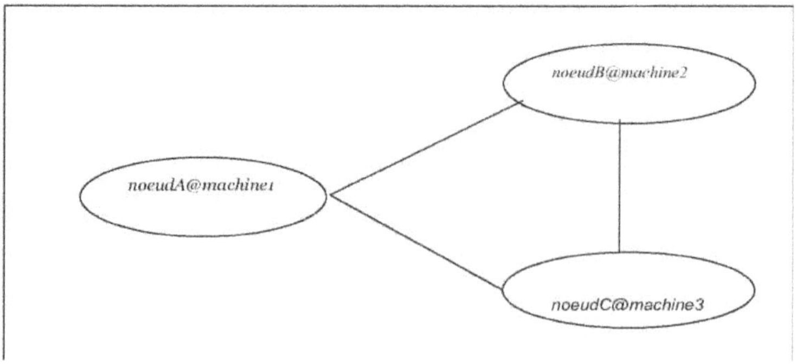

Schema 3: biscotti identici

Risultati :
Notiamo la transitività, che si stabilisce se i nodi hanno la stessa "*magia dei biscotti*". Se il nodo A è amico del nodo B e B è amico di C, allora A e C sono amici.

- caso 2:
Ora i nodi hanno *cookie* diversi.
Nomi dei nodi :

nodo A-> noeudA@mach.inei cookie -> *cookA*

nodo B-> nodoB@macchina2 cookie -> *cookB*

nodo C-> nodoC&macchina^ cookie -> *cookC*

In questo nuovo scenario, è essenziale negoziare l'amicizia tra i diversi nodi per avviare la comunicazione tra loro.

Per comunicare con il nodo B, il nodo A deve conoscere il suo *cookie*.

Il comando seguente viene eseguito sul nodo A:

erlang :set_cookie('nodeB@machine2', 'cookB').

Poiché il concetto di amicizia è riflessivo, il processo di sistema *net_kernel* invia al nodo B il *cookie* dal nodo A e l'amicizia tra questi due nodi è stabilita.

Lo stesso avviene tra il nodo B e il nodo C :

Erlang :set_cookie('nodeC@machine3', 'cookC').

L'amicizia tra il nodo B e il nodo C è quindi stabilita.

La configurazione mostrata nella Figura 4 si ottiene eseguendo i seguenti comandi:

NodoA: *net_adm :ping('nodeB@machine2').*

Nodo B: *net_adm :ping('nodeC@machine3').*

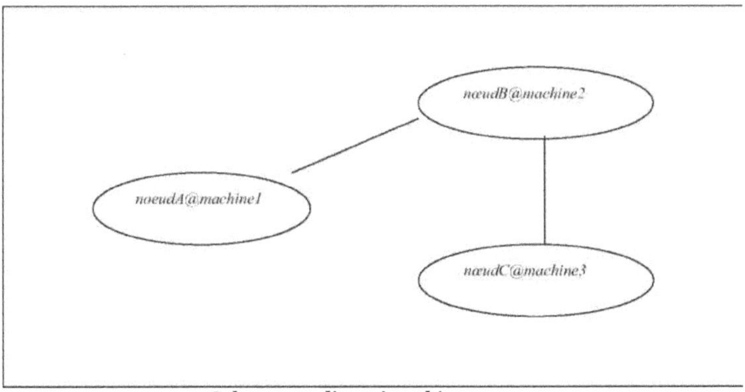

Schema 4: diversi cookie

È interessante notare che la transitività che esisteva nel primo caso non è più rispettata. Dobbiamo quindi stabilire esplicitamente l'amicizia tra il nodo A e il nodo C.

Riferimenti

[Amstrong et al. 1996] J. Amstrong, R. Virding, C. Wikstrom e M. Williams "concurrent programming in Erlang", Ericsson Telecom System Laboratories, Svezia. www.erlang.se
[Arthursson et al. 1997] J. Arthursson, J. Engblom, M. Jonsson, R. Mirza, M. Schimid, B. Spolader, E. Zolfonoom, "A Platform for Secure Mobiles Agents", Medialab/ Computer Science Lab Ericsson Telecom, Stoccolma, Svezia.
[Barreiro et al. 2001] M. Barreiro, J.L. Freire, V.M. Gulias e J.J. Sanchez, "Exploiting Sequential Libraries on a Cluster of Computers", LFCIA, Dept of Computer Science University of A Coruna, Spagna.
[Dacker, 2000] B. Dacker "Programmazione funzionale concorrente per le telecomunicazioni: caso di studio di introduzione della tecnologia", Computer System Laboratory, Royal Institute of Technology di Stoccolma, Svezia.
[Carlsson et al. 2003] R. Carlsson, K. Sagonas e J. Wilkhelmssom, "Message Analysis of Concurrent Language", Computing Science Dept, Uppsala University, Sweden.
[Carlsson e Millroth, 1999] R. Carlsson e H. Millroth, "On Cyclices Processes dependencies and the Verification of Absence of Deadlocks in Reactive System", Computing Science Dept, Uppsala University, Sweden. www.csd.uu.se
[Castro, 2001] M. Castro, "Erlang in Real Time", Dipartimento di Informatica, RMIT Melbourne, Australia. www.rmit.edu.au
[Ferber 1995p. Ferber "Les systèmes multi-agents - vers une intelligence collective", Intereditions, Parigi.
[Giesl e Arts, 2001] J. Giesl e T. Arts, "Verification of Erlang Processes by Dependency Pairs". Arts, "Verification of Erlang Processes by Dependency Pairs", Computer Science Dept University of new Mexico USA, Computer Science Lab Ericsson Utvecklings AB, Sweden. www.artes.uu.se
[Ginot et al. 2002] V. Ginot, G. Le Page, S. Souissi, "A multi-agents architecture to enhance end-user individual-based modelling", INRA-Unite de Biometrie domaine St Paul Avignon, CIRAD-Land and Resources Programme Montpellier, Ecosystem Complexity Research Group-Universite des Sciences et Technologies de Lille, CNRS- UPRES Wimereux, Francia.
[Grafstrom e Aronsson, 1995] J. Grafstrom e T. Aronsson, "A Comparaison beetwen Erlang an C++ for Implementation of Telecom Applications", Ericsson Telecom AB, Svezia.
[Hedqvist, 1998] P. Hedqvist, "A parallel and Multithreaded erlang Implementation", Computing Science Dept, Uppsala University, Sweden.
[Johansson, 2003] E. Johansson, "Hipe Technical Reference", Computing Science Dept, Uppsala University, Sweden.
[Johansson et al. 2002] E. Johansson, M. Pettersson, K. Sagonas, T. Lindgren, "The Development ofThe Hipe System: Design and Experience Report", Computing Science Dept (Uppsala University, Sweden), Bluetail AB (Stockholm, Sweden).
[Johansson, 1999] E. Johansson, "Performance Measurements and processes Optimization for Erlang", Computer Science Dept, Uppsala University, Sweden.
[Johansson et al 99] E. Johansson, S. Nystrom, T. Lindgren e C. Jonsson, "Evaluation of Hipe an Erlang Native Code Compiler", Computing Science Dept (Uppsala University, Svezia), Bluetail AB (Stoccolma, Svezia), Apicula (Stoccolma, Svezia). [Johansson et al. 1999] E. Johansson, S. Nystrom, M. Pettersson e K. Sagonas, "HIPE: High Performance Erlang", Dipartimento di scienze informatiche, Università di Uppsala, Svezia.
[Karlsson, 2000] B. Karlsson, "Secure Distributed Communication in SafeErlang" Dipartimento di Teleinformatica, Istituto Reale di Tecnologia. www.kth.se
[Lindgren et al. 1997] A. Lindgren, A. Bottena e T. Lindgren, "Uno strumento di misura ad alta precisione per Erlang", Dipartimento di scienze informatiche, Università di Uppsala, Svezia.
[Mattsson et al. 1998] H. Mattsson, H Nilsson e C. Wikstrom, "Mnesia a Distributed robust DBMS for Telecm Application", Computer Science Lab Ericsson Telecom AB, Stockholm,Sweden. Wikstrom, "Mnesia a Distributed robust DBMS for Telecm Application", Computer Science Lab Ericsson Telecom AB, Stoccolma, Svezia.
[Nystrom e Johnson, 2002] J. Nystrom e B. Johnson, "estrarre la struttura dei processi di un'applicazione Erlang". Johnson, "Estrazione della struttura dei processi di un'applicazione Erlang", Dipartimento di sistemi informatici, Dipartimento di tecnologia dell'informazione, Università di Uppsala, Svezia. www.csd.uu.se

[Paul et al. 2002] B. Paul, B. Pascal, B. Mathieu e F. Eric, "Les systemes multiagents", EPITA, 2002.
[Remond, 2003] M. Remond, "Erlang programmation" Eyrolles, 2003. www.erlang- fr.org e www.erlang.org
[Villeneuve, 2003] B. Villeneuve, "Modélisation individue-centree de stratégies adaptatives des populations de poissons en réponse aux pressions de l'environnement en milieu estuarien", UR-RAP, IRD Sénégal.